U0073627

獻 給

　張廣達院士及其夫人徐庭雲女士，
為他們對我多年的教誨、鼓勵與關懷。

失去方向的 中國

張倫

鉅視下為中國把脈

徐斯儉　台灣民主基金會執行長

　　我的好友張倫博士，可以說是中國海外民主人士中對學問最孜孜不倦的學者之一。能在法國的社會科學界站穩了腳跟，不是一件容易的事情，張倫一方面關心著中國政治的發展，另一方面也沒有在治學上有半點蹉跎。法國社會科學的薰陶，給了張倫博士一種有歷史觀的鉅視角度，而他對中國民主前途的關心與執著，又讓他對中國政治的熱情從未熄滅。失去方向的中國，紀錄著張倫博士在這兩條平行線上一路走來的智慧結晶，是一種從歷史鉅視角度來為中國把脈的著作。在習近平第一任即將屆滿之際出版，別有一種特殊的歷史意義。

　　張倫為此書下了一個簡單有力的書名－－「失去方向的中國」。張倫並不是僅僅憑著主觀而這麼說的。就如他在此書中所說，習近平承接著的是一個正處於「雙重轉型」的中國，而自毛鄧之後的改革開放，固然釋放了巨大的前進動能，但也累積了非常複雜交纏的體制矛盾。如本書導論中所言，中國在八九鎮壓之後，雖然實行了政治上的緊縮，但實際上放鬆了社會與經濟的自由，導入了全球化的軌道，在國家和市場的雙引擎帶動下，創造了驚人的經濟起飛。但這樣的發展模式卻也伴隨著另外一系列的現象：社會結構失衡、道德正義低落、公共倫理喪失、民族主義高漲、權力過度集中、腐敗氾濫橫行。張倫認為，自改革開放以來的發展模式已經

走到盡頭，中國面臨著另一個新的轉型路口。

在這樣的背景下，張倫此書紀錄了過去若干年以來對習近平政權的觀察。簡單說，他的一系列觀察印證了他自己的擔憂，那就是習近平企圖以樹立一種時空錯置的「新毛主義」來解決這一系列複雜的體制結構性問題，實際上讓中國的轉型失去了方向！看起來習近平將會把中國帶向以國家主義、強人政治、壓制自由、甚至向外擴張的方向。在張倫看起來，習近平是讓中國重新落入另一輪的悖論陷阱：低效呼喚強人、強人造成壟斷、壟斷帶來壓制、壓制導致更深的低效與失序。這種輪迴的根源，張倫一針見血地指出，來自於政治權力來源合法性的不足。習近平的領導，從這樣歷史鉅觀的角度來看，是偏離了人類文明進步的軌道，讓中國失去了方向！

也正是在這個觀點上，我非常同意並欣賞此書的基本立論。在台灣，統獨是一個敏感而政治化的議題，這個議題分割了藍綠，也障蔽了我們對中國的理解。張倫作為一個身漂海外、心繫故國的社會科學家與知識分子，應該不會受到我們台灣這種被政治牽扯的羈絆。他對中國這種既冷靜又熾熱的觀察，我認為值得我們台灣的讀者慢慢品味，細細斟酌！

嚴肅看待中國大陸變化及台灣未來

寇健文 國立政治大學政治系、東亞所特聘教授

　　過去五年以來，習近平統治下的中國大陸到底給外界什麼圖像？坦白來說，這個圖像反映的是一種視覺上的、精神上的、價值上的不協調。我們看到習近平推出許多讓人驚訝的大政策，反腐運動、軍事改革、一帶一路、雄安新區等等，不得不讓人認真檢視這些作為背後顯示的雄心壯志，一種做為崛起大國才有的氣魄。這顯示他希望對內提升中國治理體制與能力，對外拉高中國國際地位與影響力，進而達成民族偉大復興的目標。我們還看到中國大陸做為一個威權大國，在國際上倡議自由開放與全球化，扮演「負責任的大國」的角色，參與國際秩序的制訂與維護，反倒是原來自認是民主龍頭的世界霸主，開始猶豫承擔責任。

　　在此同時，我們也看到中國大陸社會上言論自由的持續緊縮，維權人士和NGO活動空間越來越受到壓抑。我們從劉曉波生命最後幾個月中，國家如何對待他和劉霞的過程，已經看到國家的目標是要防止他和劉霞成為未來的精神指標。持續的反腐運動讓民眾大快人心，感受到習近平的堅持與毅力，但也透露過去曾經存在的幹部腐敗與濫權到底有多嚴重，讓人震驚。此外，在缺少強力外部監督的體制中，一旦層峰下達完成任務的指標，不擇手段的情事就容易出現了。

　　最重要的，我們還看到中國大陸利用美國民主體制陷入治

理混亂之際，企圖建立新的國際文化霸權，用一套凸顯秩序和治理績效為主的體制價值，挑戰西方民主政治背後代表的另一套文化霸權，一種強調參與、代表和人權的價值體系。相較之下，就如同一些大陸學者提過的，這背後是東西方文明的對抗，甚至是集體主義和個人主義之間的爭辯。

　　中國崛起後，會走去哪裡，會走多遠？無論是喜歡或不喜歡對岸，台灣民眾都必須承認中國大陸的變化勢必影響台灣的未來，因此要嚴肅地看待它的變化。旅法學者張倫收錄在這本文集的文章，既是臧否時事的評論，又能反映出他對大時代變遷的省思。我相信台灣讀者閱讀完張倫兄的文章之後，必能增加對中國大陸的深層理解。

大轉型時代的記錄與思考
——習近平五年任期評議及未來展望

　　習近平執掌中國政治這五年來發生的一切對中國的當下以及未來意味著什麼？該如何看待這段時期在中國大的歷史轉型中所處的位置？是抱著這樣的想法，本人整理了過去五年所發表的一些時評分析，有了這本文集。

　　受邀擔任多個中外媒體的專欄作者，過去幾年，筆者在教學、研究之餘，常擠些時間撰寫些時評。一來這有助於自己對中國事態演變的觀察與思考，二來也是有個願望：想借這些文字參與歷史，推動中國進步。雖因時間以及文章的時評性質所限，寫作匆匆，常不甚滿意。但有些文章刊出後受到的歡迎，在海內外流傳之廣，卻也有些超出本人的預想。這裡要向這些年不斷給予自己關心和鼓勵的讀者表示感謝。自然，也要誠謝媒體界的朋友們，沒有他們，自然也不會有這些文字的面世。

　　因篇幅所限，本文集只摘用了這些年所寫時評中的部分文章，主要來自為三個中外媒體的撰稿：BBC中文網，尤其是其中每週一期的「點評中國」專欄；香港的政論月刊《動向》以及現已停刊的《陽光時務》週刊。文章多是針對當時的重要事件，以評議分析中國政治居多，算是給這個大變動的時代留些記錄和個人的思考。

　　翻檢這些評論，有許多感慨。其中，最讓人慨嘆的是有些在文章中或明言、或曲筆表示出的擔憂、最不希望看到的局面，今天正

被事態演變逐漸坐實。我們正在進入一個新的時期，在相當大的方面或許會不同於改革開放幾十年來的發展框架；中國這列火車，正偏離過去幾十年的運行軌跡，進入一個方向不明、結局充滿不確定性的地域。中國漫長的轉型過程，一個新的歷史拐點或已在過去的數年中醞釀出現。

雙重轉型中的中國

多年來，在各種學術和時事論述、評議和講座中，筆者曾多次提及本人三十來年在學習、研究、思考當代中國的變遷中形成的一個基本觀點：中國處於一種巨大的歷史性「雙重轉型」中。所謂「雙重轉型」即指中國正處於從傳統社會向現代性的文明轉型，也處於一種國際學界通常稱之為「後共產主義轉型」進程中。想來，這個觀點最早的陳述，是三十年前1986年夏在北京共青團中央舉辦的一個改革研討會上。

儘管有關「後共產主義轉型」研究包括這一提法，隨俄國、東歐的變化，以及中國的演變，不再像九十年代那樣作為一種熱點、顯學而常見，但事實上，這方面一些重要的基本問題的認識並沒有終結，且有待深化，它依然是我們探討當代中國乃至整個世界演變不可或缺的視角；拋開作為變革起點的共產主義制度及其歷史，中國這類依舊為共產黨執政的國家和一些前共產國家當下的狀況及可能的發展趨勢是不可能得到很好的解釋的。而如果我們放大視野，將阿拉伯世界的變動也納入分析的框架，顯然，轉型研究仍然是攸關人類當今之世的最重大課題之一。

　　某種意義上講，中國轉型的複雜、艱困與曲折恰恰體現在這種「雙重轉型」的特質上；這兩種轉型的過程和課題相互交織、重疊甚至彼此矛盾、衝突，給轉型增添了困難，給行動者帶來諸多困惑和行動上的挑戰，也增加了認識把握這過程的難度。以產權問題為例，雖經近四十年的改革，仍舊是困擾中國經濟和政治的大問題。顯然，這是共產革命與制度消滅私有權所帶來的結果。這個問題的解決，直接關係到中國的後共產主義轉型的過程及結果，也必然會參與型塑中國現代性未來的形態。

　　從一種宏觀的歷史角度看，自十九世紀後半葉開始，中國出現了幾種現代性建設方案，在內外各種因素和歷史情境的作用下，卻逐次以失敗告終，但每次卻也都相對積累下一些成果。毫無疑問，如果沒有第一次、二次世界大戰造成的世界格局尤其是遠東政治態勢的變動，中共是絕無在中國崛起得勢的可能。是在各種巨大的力量對撞中，中共技巧地利用了各種內外的政經形勢、社會心理，趁勢奪取了政權，構建了一個中國文化背景下的現代東方極權國家。

　　從許多層面來看，這個政權都帶有中國人熟悉的傳統王朝的特徵，某種程度上講，也可視為一種對王朝秩序在1911年崩解後一次歷史性的反動，復辟（restauration）。但其意識形態所具有的一些現代特質以及其源自蘇俄的組織和動員方式、帶民族主義色彩的國家目標，又使得我們不能將其全然歸屬傳統王朝。 這是一種以現代的名義建構的反現代的現代政體；試圖達成現代、超越現代卻在相當的層面回墜到前現代。因為，關鍵的問題在於它否認和拒斥了現代性最核心的價值「自由」及其制度設計與文化。由此造成的反右、大躍進、文革等巨大的瘋狂‧破壞與災難，迄今遺患深遠，

也最終宣告了這種毛式共產主義的現代性方案的失敗。是作為對這種狀況的一種歷史性反彈，中國在上世紀七十年代末開始進入改革開放；一個新的轉型期啟動，只不過這時期所具有的一個特殊性在於，它不僅要重新回應銜續一些中國現代性建設的基本課題，還要完成對上一個時期烏托邦毛主義模式的否定與批判。

改革、開放與中國模式

不過，這種過程要導向何處，文革後一代改革派政治領袖鄧小平、胡耀邦、趙紫陽啟動改革時，正如那著名的「摸石過河」論所顯示的，是沒有一個清晰的藍圖的。儘管因意識形態的需要要以各種修辭詞加以掩飾，用不同的變通方法加以辯解，但人所周知大體上方向還是明確的：向西方學習。西方主流文明再次成為中國人效仿參照的對象。至於這種學習要走到何種程度，一直就是黨內各派及社會精英較量、爭論的焦點，也隨情境、事件、人物，課題而有不同的彈性解釋。

許多人今天將鄧的一些有關改革的實用主義論述、模糊策略過度抬高是不符合歷史的。事實上，與他那代政治人物相比，鄧的過人之處也是他最大的特點在其現實主義態度，承認人包括他自己認知上的局限，以一種不明言的方式接受了共產主義模式的失敗；他所希望成就的，正如那個從傳統語彙中借用來很接地氣的術語「小康社會」所顯示的，只是發展經濟，改善人們生活，增強國力。除此之外，考慮到現實的個人與集團的利益，也深受傳統意識的影響，加之從自身經歷得出的教訓，他還有另一個不可動搖的立場：

就是絕不放棄中共的權力。這兩點構成鄧的基本思路，在鄧的邏輯裡相互作用，彼此論證。改革和開放所有的政策都要受制並服務於這兩個目的。

就絕不放棄中共權力這一點來看，鄧與毛有繼承性。但在要以發展經濟、改善生活來維繫權力上，鄧又與毛有根本的區別。因為，為此就必須否定一些毛的政策，讓渡一些自由給社會的精英以及民眾；權力不能再如毛時代那樣對一切事務實施絕對的統馭壓制。鄧及改革派的做法既讓人聯想起歷史上動盪災難後王朝「與民休息」「輕徭薄賦」的傳統，也因解散人民公社、改造國有、鼓勵私人經濟、引進外資、承認某些個體權利等逐漸遠離既有共產主義模式的舉措，與八十年代開始席捲全球的新一波自由主義浪潮有相當的契合。鄧的實用主義思想在一種烏托邦話語統馭長久的國度，是一種革命性的變化。雖然事實上，胡、趙兩位在具體推動中國的改革變革中，許多具體貢獻並不亞於鄧，但就告別毛時代的思想範式和國家哲學上，鄧的作用和思想特徵不能不說影響巨大。胡、趙兩位先生的思想更具理想、前瞻，更富現代色彩，這是他們後來與鄧以及其他中共保守元老發生衝突，產生個人悲劇的重要成因，不過卻也因此注定會讓他們擁有未來。相反，且不講八九決策鎮壓的罪責，僅就鄧實用主義發展路徑累積的負面後果，就正在讓鄧的歷史地位開始變得有些黯然。

八九之前，是中國改革的黃金時代，改革收益呈「帕累托最優」，社會大多數階層受益。中共領導層包括鄧也曾考慮在經濟改革進展的同時，適當推動整體的協調改革，包括政治領域納入某些有限制的民主和法治內容。這當然與毛時代各種災難包括文革的教

訓、領導階層許多人所受的迫害的遭遇有關，也與鄧本人所受教育包括早年的留學經歷、對外部世界的瞭解不無關係。但六四鎮壓和東歐劇變之後，整體性改革思路被訴諸高閣。雖然這種思路不再，但因八九民運以及東歐變革的衝擊，官方放開許多經濟與社會領域，以換取社會對其權力的認可。民眾享有的自由空間空前地擴展，這是整個後八九時代社會活躍、經濟高速增長的最重要的條件，某種意義上講，這也是八九運動的犧牲所贏得的有利於中國進步的最重要的成果。當然，鎮壓所造成的發展模式上的扭曲及其惡劣後果，隨時光流逝今日也愈發顯著。在鄧的「不爭論」（改革是社會主義還是資本主義）思想的支配下，效率優先，一切以經濟成果為標準的實用立場達到極致。江澤民、胡錦濤時代，蕭規曹隨，加之東亞、全球的產業結構的加速調整及轉移，從八十年代延續至後冷戰的國家安全態勢，中國的人口紅利，新一輪全球化的資本及技術向中國的流動等，造就了中國過去二十多年的高速增長，也形成某些中國式的轉型特徵，乃至因此有了所謂「中國模式」的一些討論。

不過，正如毛時代的中國模式並沒有與以往的共產主義模式相區隔，在一些本質特徵上有共性；今日的「中國模式」也並不全然讓人陌生，就其經濟發展的某些路徑及手段來看，與所謂「東亞模式」有很大的相似性。如果上溯到近現代史，與德、日等國走過的道路也有相當的可類比之處。特殊之處可能在中國的共產主義制度以及體積上作為一個超級巨國這樣兩個不同的變量。在這種前所未有的發展——轉型的過程中，從極權體制承續下來的國家權力在發展中扮演的角色之重，是東亞國家和德、日所不能簡單相比的。在

意識形態上，官方的論述混合了發展主義、民族主義、國家主義、遺存的共產主義等各種要素，甚至工具性地摻雜了某些自由主義的成分。在權力的運作與組織，國家與社會的關係上，既有法西斯主義、納粹、蘇俄的特徵，也有毛時代發展出的某些做法，還有我們在六、七十年代現代化導向的權威主義國家那裡觀察到的一些現象。整體來看，在過去近三十年的轉型中，這個典型的極權主義政體慢慢轉向一個現代化導向的準極權——類威權的體制，形成一種尚未定型，學界也無法有效命名、史無前例的制度。

這種制度的強勢在經濟增長上有很好的體現：在市場與國家的雙引擎的推動下，中國在發財致富的路上一路狂奔，造成財富驚人的快速累積；但同時，也將社會公正、環境、文化道德等決定一個民族的長治久安、文明昌盛的要素棄之路旁，拋於身後；人們在渴望攫取財富，得到物質條件的改善後，卻突然發現生活的基本要素，良好的空氣、水都已成為稀缺資源，甚至難以為續；國家權力在得意地炫耀其前所未有的強大的同時，卻也在面對社會的不滿、緊張前顯得異常敏感脆弱，有些手足無措，乃至要花付巨額的支出，動用空前龐大的人力維繫所謂的穩定。因官方這種強力壓制，自然也因經濟增長帶來的生活改善、國際地位提升賦予一些人的自豪感、世界的不安定格局帶來對可能的變動及其不確定後果所具有的憂慮等，都助長了某些社會階層中出現的一種擔心懼怕變革的保守心態，這也在客觀上幫助了官方維持現有的格局。

但隨著經濟增長的放緩，腐敗的惡性膨脹，資源分配上的衝突加劇，環境問題的凸顯，社會流動的機會減少，改革的停滯，社會分化的加速，政治權威的衰敗，迄今為止尚行之有效的一些方法開

始面臨挑戰，甚至無以為繼。此外，全球化浪潮讓中國大大得益，是支撐中國過去二、三十年經濟增長模式能有效運行的重要條件；以吸納外界的資源，中國強壯了自身。但同時，這種與外界的緊密聯繫，信息、人員、物質、文化各方面的交流，特別是在外部發生重大危機時，也給一個以穩定至上、權力壟斷為原則的政權增加了其掌控社會的難度。總之，各種現象顯示，鄧確立下的發展框架已走到某種盡頭，亟需做大的調整，中國的轉型面臨一個新的階段。

習近平與新毛主義

2008年前，筆者曾在多次場合提及：奧運可能是標誌著中國經濟高速增長週期的一個峰頂，從此可能會進入一個拐點。不想，由美國次貸危機引發的世界性經濟危機又從外部加速強化了這一點。儘管因四萬億刺激計劃，中國的經濟增長又被人為地推出一個2010年的高點，但此後便一路下滑至今。雖然就官方公佈的增長率來看，相比來講中國依然名列世界前列，但實際的增長率到底多少無人得知；不過即便從官方數據看，中國經濟從此進入一個新的不斷下行的階段也是不爭的事實。以往的社會管理和發展模式，主要是依賴資源總量不斷投入與增長，借此來維繫政治、社會與經濟的平衡和動力，但一些必要的有助於協調各種利益、維護公民權益的制度卻一直闕如，面對資源量增長開始減少，精英層內部因利益分配發生衝突，社會產生新的危機也就成為必然；所有那些以往被高速增長所掩蓋或忽略的問題，至此會更加尖銳凸顯。

而後鄧時代形成的寡頭式權力格局，在應付這種新的危機與

社會和權力的普遍性潰爛上顯得軟弱無力，缺乏效能。胡錦濤、溫家寶這些在強人的陰影籠罩下，受五、六十年代的教育成長，在體制中循序上升的一代政治人物自身也欠缺應有的政治魄力、資源、意願和想像力來改變這種局面。是在這種情形下，習近平於2012年十八大接班上位。

鑒於中國的諸多危機因素，改革的止步不前，許多人曾對習近平抱以極大的期望，尤其是其個人文革的遭遇，父輩遭受的不公以及開明形象，與提倡「唱紅打黑」高舉起毛旗幟的薄熙來在權力鬥爭中的對壘，更讓許多人樂觀地認定，習會重拾全面改革的思路以應對危機，徹底完成中國的去毛化，推動中國經濟上的市場化，政治上的民主與法治建設，給予日漸活躍的公民社會以更大的合理的空間。

儘管也是希望如此，但筆者從習上台伊始就對此保有懷疑。這種懷疑在為BBC在十八大還在進行，閉幕後刊出的討論新的領導人的執政理念中已有表示，也在稍後的文章和訪談中有進一步的分析說明。而事實上，從其上台後不久提出「中國夢」「大講民族復興」，筆者已意識到其執政取向可能與許多人期望的南轅北轍，更何況不久後「七不講」，批憲政，就更讓筆者不敢有大奢望。（見文集中2013年的相關評論）只是，對習到底在面對當下的危機、引領中國走向未來上能採取些什麼策略，走向何方，一時還沒有定見。但很快，隨著更多的觀察，基本上確定，習是試圖「打通毛鄧，以毛鄧兼用，毛鄧互補」來樹立自己的權威，作為治黨、執政的方略。不過在筆者看來，這最終卻很難成功。道理也簡單：毛鄧的路線從本質上有不相容之處，毛否認人們的自由，鄧承認人們的

局部自由，要消除鄧模式今日衍生的問題，只能或是賦予人們更大的自由，或是取消自由；如果硬要將兩者強予混合，最可能的結果是更多地向毛回歸。「文革是不能與改革聯姻」。三中全會、四中全會宣佈的鄧路線色彩較重的改革方案最後大多停留紙面，訴諸高閣，而毛式的做法、提法卻越演越烈，日漸擠壓其他改革話語，主導政治運作，或許就給我們提供了很好的佐證。兩、三年下來，習的執政風格日趨向毛，一種「新毛主義」的政治已漸成型。（見文集中相關文章）

　　雖然當下有些觀察家喜歡用權力鬥爭的需要，來解釋這種習向毛的回歸，不是全然沒有道理，但更深層的原因顯然在中共體制的慣性與意識形態傳統，在客觀上出現的某些形勢壓力；也在習近平這一代受徹底的毛式教育成長的紅衛兵所具有的權力觀、世界觀。事實上，中國的一些政經形勢確有相對集中權力以便決策的必要，但由於體制未經徹底改造，權力的合法性也沒有經改造更新的民主程序產生，權力的集中就有可能再次讓中國落入以往歷史上不斷循環出現的悖論、陷阱：政治上，分權往往造成某些經濟與社會的混亂，行政上無效力，某些強勢集團趁勢打劫，巧取豪奪；而集權又必然導致專斷，社會活力的扼殺，人民的權利受到侵害，而有限的民主趨勢也出現大規模倒退，由此浮現新的專制強人，而最終釀成災難。解決這種悖論顯然在政治合法性和制度架構的再造，以一種現代的憲政方式對此重新做規劃安排。但批憲政運動的展開，顯然已經表示習是不希望走此道路。

　　由此我們也觀察到習對現代政治認識上的局限。他在他非常熟悉的毛的語言和思想中尋找資源，那是在他青少年思維方式、語

言形成的關鍵時期所接受的。毛不僅以他的思想，也以他的人格特質，行事風格，深深地影響著作為紅衛兵、知青的習近平那一代人，即使他們在青春期因毛而遭受諸多苦難，對其中某些人來講，他們卻仍對毛心存感激，將這種苦難視為是成就大業的磨煉。毛是他們的精神之父，即使他們在某些具體做法上對毛不再認可，甚至有所批評，但在氣質和行止的許多方面，卻在有意無意地仿效著毛。從習的做派、語言、思維、政治鬥爭的風格上，與他那一代相當多的人尤其是當中的某些紅二代一樣，我們可清晰辨識出很多毛的痕跡。同時，在啟蒙並沒有深浸到許多人的文化精神底色中的中國，沒有權益正常的表達和保護機制，貧富差距和權貴的驕奢腐敗，在某些無助的人們心中，都正助長著某種渴望強人，報復權貴的心理。而正滿足於新近獲得的財富，在旅遊、消費、夜生活中品味著現代生活方式的新生中產階級，因對未來不確定性的恐懼，在厭惡一個可能侵蝕自己自由的強人的同時，又矛盾地對其有些寄托，希望他至少能抵禦一下權貴的殘酷掠奪，保護好自己的財產，在其庇護下能安然繼續自己的日子。至於社會大變動時代人們身份認同上的焦慮，也讓某些人在一個想像的強人身上安頓不安的心理。民族主義也被一些人拿來作為生活和存在意義的興奮劑。

習用反腐回應了某些社會的期求，也借此打擊政敵，為自己贏得政治資源，在鞏固住權力的同時，暫時平抑某些社會的不滿。用民族主義旗幟，以典型的民粹方式給社會某些人一些「夢想」。現在看來，不出意外，在下一個即將開始的五年任期，習依托體制權力、靠反腐的恐怖壓力製造出的絕對領導人地位會得到進一步鞏固。而一個從少年時代就目睹和切膚地感受在這種體制中失去權力

意味著什麼的他，一旦攫取最高權力，自然也不會輕易放棄。但他能否真正贏得黨內、社會發自內心的認可卻大可存疑。對已經嘗到至少部分自由滋味的人們，不會輕易接受對這些已享有的自由的重新剝奪。在一個產生許多毛式絕對領袖的條件已喪失的時代，重新封閉國度、體制，再造一個「偉大領袖」的企圖注定是難以成功。最可能出現的就是一個握有絕對權力的領導人與官僚階層及社會的某種恐怖平衡，特務政治不僅在黨內乃至在社會上會繼續肆虐。國家與社會的疏離感會無聲地繼續惡化。現在習與精英層的疏離已日漸明顯；而下一步某些社會階層對其的支持能否持續也是未定之數。因為政治上全面左轉不可能不影響到經濟，限制到經濟增長所必需的人們的自由，儘管因中國經濟的超大體積及慣性，中國經濟依然會有增長，但能否保證不出大問題，增長提供的資源能否確保權力壓制和收買社會遞增的需要，這都還是值得觀察的。一旦經濟出現危機，生活下降，反腐效應消退，人們就必然會轉而將不滿指向習。渴望強人、希望得到強人保護的心理會轉而成為厭惡、憎恨強人。從一些最新趨向看，官方在經濟上採用的基本路數是繼續利用加槓桿，中央和地方舉債，來保房地產和基建規模，拉動經濟增長。這些本屬於前一段宣稱必須要改革、調整、放棄的做法，被重拾來服務當下維繫經濟的目的，從長遠看，屬於飲鴆止渴，會進一步延緩結構的調整，只能為更大的危機積累能量。

從習清除對手，鞏固權力的動作中，我們可以觀察到其敢於打破格局，不守常規、不惜代價，不計後果的某些行事風格。大權鞏固後，為延續五年後的政治生命，維繫權力，基本上可以預見，在內部，他將進一步打破後文革時代逐漸形成的某些黨內共識和規

則，只是我們不清楚，這會在今後五年乃至中共的二十大上給中國
帶來什麼，黨內及社會彼時的反應將如何。自然，這一方面要取
決於他將採取何種手段，推出何種替代方案；另一方面，也會取決
於屆時的政經形勢，社會動態，乃至國際局勢，這些我們現尚都無
法預測。不過，有一點我們可以確定：民族主義會越來越多成為其
新一任期進行政治動員，社會整合的重要資源。習式新毛主義政治
的一個重要特點或許就在此。只是如果習將其在鞏固政權、對付政
敵上的一些方法風格施展在對外事務上，在某些國際議題與區域如
南海與以美國現有為主導的世界體系、以及有爭執的周邊國家會發
生怎樣的矛盾與衝突？是否會將統一台灣作為其歷史功勳的一個目
標，以換取某些政治與社會力量的支持，化解某些不可避免會出現
的合法性危機？這些顯然都是需要觀察的大問題。

中國向何處去

　　自七十年代末開始的改革開放成功地將中國現代進程推上一個
新的歷史台階；中國的發展從毛時代確立的方向再次轉向西方主流
文明。這種發展方向雖因六四鎮壓發生挫折和極大的扭曲，也為後
來我們今天看到的某些惡質演變埋下了因子，但尚未從根本上改變
中國向西方學習的主流。而從習上位幾年來發生的種種來看，他在
試圖給中國確立一種他所希望、相當大程度上不同於過去幾十年的
發展方向，在這種意圖指導下，西方不再成為制度與文明建設學習
的參照。或許當年包括鄧等人也都認為改革採用的某些做法具有過
渡性，並沒有視其為是一種長久的制度。最近卻因中國的發展，也

因西方時下面臨的問題,讓某些人忽然獲得某種信心,覺得中國當下運行的制度是一種有效的、具穩定性、甚至可推而廣之的模式,有將其永久固化的衝動。這些顯然都已與改革開放以來形成的某些意識發生矛盾,造成一種方向感的混亂;中國正在失去方向。

不過,事實上,迄今為止,在現代世界歷史上,沒有任何極權或威權體制能在既保證經濟的增長,又能在財富的分配、回應公民權利的訴求及其保障等方面保持一種持久與穩定的動態平衡。中國社會在經過幾十年的改革開放後重新獲取許多活力,中國人尤其是更瞭解外部世界、生活方式的年輕一代儘管受到官方意識形態的影響,但也絕不會全然忍受、認可對他們權利的剝奪;社會一定會以各種方式抵抗來自官方的壓制。僅以資源投入平抑社會分化和矛盾的機制,因缺乏公正作為合法性基礎,也很可能會碰到因資源減少引發危機時的瓶頸。「雙重轉型」中「後共產主義轉型」的停滯,很可能將帶給中國「現代性轉型」新的挫折。只是,我們不清楚,在最終必須作出的一些有關制度、文明、跨入現代的根本性選擇上,中國人還要付出多少代價,世界也因此會承受怎樣的後果。我們無法預見歷史,只能寄望上天的眷顧,以及歷史中行動者的勇氣、堅韌、道義感與理性。

五年前,中共十八大前夕,本人在香港出版過一本文集《巨變時代》,也曾收錄一些時評,其中最後一篇是王立軍事件後一個多星期就該事件給BBC所撰寫的分析評論。那個事件宣告了重慶市委書記、政治局委員薄熙來的落馬,一場圍繞十八大展開的激烈的權

鬥後來以習的全勝結束。今天，在整理此文集時，又傳來消息薄的繼任者也是重慶市委書記、被視爲中共下一代最高接班人之一、政治局委員孫政才被抓。這一切顯示著圍繞十九大的權爭、習爲未來進行的鋪墊正進入某種白熱化狀態。也展示著準極權——威權體制自身所具有的無法消除的不穩定性。

　　一年來，意識形態宣傳上，對知識分子的思想控制、對維權人士的打壓越演越烈，一些社會上的毛派分子也前所未有地活躍，大有文革再來之勢。對這些事態，在本文集中沒有文章加以更具體討論，這一來是因爲過去將近一年個人忙於撰寫一部必交的法文著作，無暇分身；二來也是因爲確實有許多想法分析在之前的文章中都已基本涉及，有某種「該說的都已說，再說也無用」之感：既然中國又到了一人思想號令天下，他者不許置喙的境地；那麼，就權且暫讓習總書記一人獨白指點江山吧！只是，最終誰能徹底阻擋中國人爭取自由與公正，享有更多權利的渴望？生命多彩的喧嘩是無法被噤聲的，歷史也絕不會長久僵滯沉寂，它永遠在醞積著湧向未來的洪流，終會有一天轟鳴作響，咆哮而來，席捲一切。

　　我以這本文集，獻給張廣達院士，感謝他多年在我人生和治學道路上如父般的關懷、指引與教誨，並記誌我們在巴黎那些相濡以沫的歲月，他的爲人操守與治學精神，永遠是我效法的楷模，引領我繼續人生的道路。希望我的所爲不讓他失望。

目錄

反腐、鞏固權力與改革（2013—2014）

歷史遺產、時代課題與轉型期待（2012—2013）

附錄

習的新毛主義與中國前途

2015—2016

失去方向的中國

BBC 2016年6月20日

中國失去了方向！這是近來一些事態的發展給人留下的印象。或許也是本屆執政團隊執政四年來造成的最讓人不解、遺憾、詬病的後果，如依此繼續發展下去，中國的危機因素只能是日積，難以緩解，中國的發展和體制的轉型再造的前景堪憂，改革開放的成就也有最終付之東流之虞。這自然要引起人們的深思、警惕。中國向何處去？這百年之問，再次擺到國人的面前。

沒有共識的共識——走向自由

今年是文革發動五十週年。這場浩劫結束四十年來，作為一種巨大的歷史反彈，自由化成為中國的主流。有朋友認為，改革從一開始就有不要什麼的共識，但沒有要什麼的共識；各界對改革開放的目標、對中國的最終走向有著不同的看法。不過在筆者看來，不要什麼實際上是暗含著某種要什麼的共識的。不要文革式的瘋狂、思想和政治的禁錮和物質的貧困，要的是現代化，一個實現市場化、法治化、更加自由並最終逐步實現民主的中國，一個與人類主流文明接軌的現代中華文明。途經是類似於某些東亞國家走過的道路。

這是一個不言自明、模糊的共識，構成中國三十多年來改革開放的社會政治思想基礎。即使是官方內部包括高層，有些人內心大

體上也不能說沒有這類取向，只是出於現實利益的考量、對當下國情的認知、改革的進程、速度、依靠的主體、最終走向的具體制度形式等有不同的看法，官方與社會在改革共識這方面沒有具體明晰的共識性的宣示。

但隨著社會的分化，利益和意識的分野，腐敗的惡性發展，改革尤其是國家政治和管理體制改革方面的滯後，社會矛盾的凸現，這種隱形支持性的共識也逐漸瓦解。而權力對公共議題討論的壓制，使得對中國改革的最終走向、可能遇見的問題，各種利益的協調和處理等問題一直沒有進行深入系統的討論，更因六四鎮壓成為某種禁忌。八九前官方較具遠見的如有關政治體制改革所做那種內部研討，也被訴諸高閣，成為絕響。鄧式的實用主義改革思路被以更加扭曲和短視的方式加以闡釋和應用。

在各種利益考量以及畫地為牢的政治約束下，自滿於經濟方面一時的成就，官方的理論思維和想像力急劇萎縮，失去了文革後因思想解放、對外開放在這方面帶來的生機活力，一種腐爛、僵固、虛誇、自私、偽善、傲慢的氛圍逐漸侵蝕並籠罩了執政集團。最近反腐運動向我們展示的某些官員的貪婪、無恥、殘酷、傾軋、黑暗，是這種趨勢發展的必然後果。這顯然不是靠幾句自我標榜，自我論證，搞幾場教育運動所能掩飾和解決的。

「中國夢」——夢的共識與共識的夢

這種狀況當然不只是某領導人的一人之過，而是中共的政治體制，改革的不徹底，改革模式的缺失諸多因素造成的，也與六四鎮

壓的惡果息息相關。習近平上台伊始，提出「中國夢」，試圖以此重建某種民族共識，確立某種新的共同認可的發展目標。

但坦白說，這種說「夢」的做法，因不以公民為本，顯得空疏、混雜、漂浮、大而不當。且因沒有任何改變現有權力運行方式的確切承諾反而有將其永遠固化的取向，儘管官方開動宣傳機器大肆宣傳，但從一開始就沒有獲得社會的廣泛認可，只要看看各種民間有關「中國夢」的嘲諷和官員們的反應就可知曉這一點。試圖建設一個有關夢的共識，事實上已經成為一個關於共識的夢。這種官方論述與民間感受上的距離鴻溝，從一個側面顯示領導層與民眾、國家與社會危險的疏離。

如果說「中國夢」中有什麼人們能夠比較清晰地感受到的信息的話，那顯然是其中要傳達的強烈的民族主義取向。而恰恰在這點上，也是最讓人憂慮的。作為一個已經獨立於世界，且具有相當地位的大國，過度地去強化這種民族主義取向，將其作為國家發展的方向，其可能帶來的問題，近代歷史上像德日那樣已多有先例。結果是既可能給自己的民族也會給他人帶來災難。一個上升中的民族更需要的是某種超越性的文明意識與價值，才能保證這個民族不因某種狹隘的民族意識而走入歧途。

顯然「中國夢」的提法暗藏著某種與「美國夢」較力的味道。但眾所周知，「美國夢」從來就不是什麼國家意志、權力論說，而是一種社會話語。美國作家James Truslow Adams在The Epic of America中第一次使用這個表述就是指人們對基本自由的獲取以及依據自己的奮鬥所享有自己的所得。馬丁‧路德在他那著名的演講辭中所談及的「夢」也不外乎是這種權利的伸延和落實，最終的指

向都是民權，公民的權利。這跟以強國、強軍為目的，國家主義色彩濃厚的「中國夢」大相逕庭，有本質上的不同。美國人有做和不做、讚美和批評美國夢的自由，中國夢卻是國家意志給國人設計的要做的夢想。這既可以解釋「美國夢」的生命力，世人嚮往的原因；也可說明為什麼「中國夢」注定無法得到相當多民眾發自內心的認可：在權利缺乏公平和保障的土地上，一個權貴如何能與一個普通人共享一夢？

失去方向的後果——混亂的圖景

中國的改革進入一種停滯狀況，過去幾十年的發展模式面臨重大的危機與挑戰。如何應對這種局面？官方近來一系列相關說法做法，明顯地帶有用過去來救補當下的味道。要麼不再提改革，要麼再祭出某些當初作為改革的對象，棄置的做法、說法用來應付改革中出現的問題。導致這種失去方向感日甚一日。事實上，中國今日面臨的諸多危機，除與經濟發展的某些階段性問題比如產業升級、人口紅利喪失、國際經濟形勢相關之外，多與改革不徹底，與中國的體制、以往的錯誤決策高度相關。

就拿產能過剩來講，如此程度的惡性失衡，顯然是中國這種高度權力集中體制下的經濟運作的必然產物。國家加市場的雙火車頭的經濟動力，既可創造某種超速的經濟增長，也可能會造成人們無法想像的嚴重後果。

三中全會、四中全會有關經濟改革、國家法治建設等相關決議言猶在耳，現實中卻是重拾某些計劃經濟、階級鬥爭時代的做法，

大肆抓捕法治國家最重要的支柱之一的律師們，壓制言論自由，在一切領域重新強調領袖至上，黨統御一切。

主張「強化黨的領導是國企做大做強的保證」，這種文革時代政治掛帥的做法竟然被堂而皇之地列為經濟政策，倒行逆施，令人匪夷所思。黨的領導與國企的強大有何必然的聯繫？如此，中國如何還能讓人家承認自己是市場經濟？其背後的潛台詞顯然是強化黨對經濟資源和社會的控制。提倡創新，認為是產業升級，經濟振興也是民族繼續發展的必由之路，同時卻「不准妄議」，強調「看齊意識」，刪貼封網，嚴控教育、新聞、學術、文藝，要扼殺一切不同意見，對民企口惠而實不至，那又怎能培育一種有利創新、鼓勵投資的社會氛圍和制度環境？

在公民權利意識覺醒、依法治國講了多年之後，卻回頭講那種居高臨下、皇恩浩蕩式的「不打棍子，不戴帽子、不抓辮子」政策，讓人實在是有時光倒流，不知今夕何夕的感覺。因不能否定「兩個三十年」之說，官方對文革的態度日漸曖昧，自文革結束後，從來沒有任何時候像今天文革的語言和論述、個人崇拜的做法能如此大行其道，乃至有「大海航行靠舵手」這種標誌性文革名曲竟然唱到人民大會堂去的事件發生。官方的宣傳和政策，充滿各種邏輯不通、有悖常識、朝令夕改、自相矛盾的說辭。

此外，香港綁架抓人，國際上四面樹敵，一方面是日漸自大傲慢，另一方面是病態式地敏感，憤青式的外交言行比比皆是，全然沒有絲毫大國崛起該有的那份文明與真實的自信。上述種種從不同的面向展示著一個危機日重卻方向不明的混亂的圖景。

毛鄧互用的悖論——習近平的出路

這種局面顯然也有其政治上的原因，透露著上層政治和意識形態取向上的某種混亂。由於不是像江、胡那樣是依托鄧的強勢權威上位，圍繞習近平掌權所展開的激烈的權力鬥爭，暴露出中國式後極權政治體制的致命弱點。正如某些黨報、軍報不斷強調的：薄、周、徐、郭、令等這些昔日的黨和國家領導人之所以落馬，絕不僅是因腐敗，更是因犯了「政治規矩」，「觸及政治底線」，威脅到習。某種意義上講，習上位以來的所有政治舉措包括反腐基本上都可以從鞏固個人權力和維繫紅色江山的角度得到解釋。

習試圖鞏固個人權力、樹立權威，這從政治運作的角度是可以理解的，但其方式以及最終能否達成目的卻讓人懷疑。一個領袖的政治權威和歷史地位說到底是靠績效、靠順應民心、在解決歷史的課題上所顯示出的勇氣、智慧與高瞻遠矚所獲得的。迄今為止，習所做的最大的贏得政治資源的舉措在反腐。但早在三年前筆者在評論反腐時便提及：反腐的效應一定是遞減的；這屬於面對過去的大掃除，而對一個領袖來講最重要的卻是面對未來，能否做出各種經濟和制度上建設性的政策與成果。文革後鄧的權威說到底是由此而來。而就這方面來看，習幾年下來乏善可陳。

這一方面或許與權力內部的結構、其受到的政治掣肘有關，但另一方面也顯然與其自身展示出的執政取向有很大關聯。筆者以往曾將這種執政取向歸納為「打通毛鄧，毛鄧兼用，以毛補鄧」，今日這種取向更加明顯。正如筆者強調過，這種執政思路因其內在的矛盾一定會造成混亂，自我牴觸消耗，最終難以成功。這是因為，

毛與鄧的執政思路在本質上是不相容的。

鄧也用毛，但在鄧那裡，毛只是工具性的，虛置的，服務於其威權統治的需要；毛的烏托邦、階級鬥爭、民粹平均主義，排外，絕對專斷是不能落實在政治實踐上的。因為鄧清楚，那只可能引發大眾的瘋狂，即使國家一時表面穩定，但絕無可能帶來民族進步、文明創新所需要的活力。鄧的局限在於，他的威權半自由模式可能帶來某種經濟的活力，但同時也注定要造成讓人們憤怒的腐敗和社會不公，無法創造現代中國人所最終需要的自由、文明、富裕與尊嚴。

習的歷史地位取決於其能否繼承鄧並否定鄧並以改革的歷史性成功來最終成就鄧，而不是以毛來修正鄧，那只能是絕路一條。即使能收些表面的一時之效，難免不因內在的矛盾落入一種不毛不鄧，進退失據，釀成改革的失敗，徹底毀鄧的困局。事實上，只有跳出毛鄧的巢臼、格局、框架才能徹底檢討、批判、改造毛鄧，真正超越毛鄧，成為新型領袖，引領走出中國面臨的危機。

回到那老問題：自由的多少和自由的有無是兩類問題。在一個失去造就毛現象的內外條件的時代，缺乏毛具有的政治資源，任何套用毛時代的說法和做法，成就一個毛式的全能領袖的企圖注定終歸失敗，淪為笑柄。

權利增量——擺脫困境的途徑

幾年前，筆者曾以「權利增量——中國下一步改革的唯一標準」撰文，認為改革至此，不以公民權利的增量為目標，任何改革

都不可能得到社會的支持，獲取新的動力，造福國民，成為某種真正意義上的改革。權力合法性危機也無法根本緩解。從這個角度看，幾年來，整體上改革無甚進展，甚至有諸多倒退。且不講公民的諸多政治、經濟、社會、文化權利沒有進一步的落實，僅從最近一系列惡警橫行，殺人害命的事件可看出，公民的基本安全保障都受到不受限制監督的公權力的威脅。

黨有權管黨，甚至從嚴治黨；但公民卻沒義務要接受黨的嚴管，黨也從來不具天然的合法性來嚴控社會。權力不減量，公民權利就無增量；約束權力的憲政精神不落實，權力獨裁的傾向就一定擴張。而權力獨斷的結果常常就是腐敗與災難。

就言論和新聞自由來講，最近幾個事件很具意涵。因受習近平青睞而異常活躍被人戲稱為「帶魚」的網絡寫手周小平，製作的網絡片子憤青程度超出官方允許的尺度而被刪除，因此對幾大網站表達抗議。此外，有七十八位院士級科學家上書表示對官方網絡控制的不滿，認為網控不利學術的發展，希望能有自由接觸外界信息的權利。還有網絡大V任志強因對「黨媒姓黨」一說表示異議而被禁聲處分。這三者從不同的面向、不同的立場和地位說明中國當下言論和信息控制造成的問題和引發的不滿。不僅不利當下，也可能嚴重影響中國的將來。

中共在延安時曾主張，不要「提出一大堆批評不得的人和事，結果在事實上等於取消言論自由」（1944年8月31日「新華日報」社論）。黨媒姓黨，可以。但最重要的是媒體可不可以不都姓黨，有些姓民，姓民的可以跟黨不同調？黨媒可不可以自負盈虧不花納稅人的錢？這些才是問題的關鍵。黨媒當然可以宣傳它信奉的宇宙

真理，讚美主席高屋建瓴，意義重大的講話，但作為一個現代國家，公民有否權利表達不同於官方的觀點而不被禁止、下獄、受官方僱傭的五毛圍攻，這才是文明有否在中國進步、改革是否深入的標誌：如果中國的媒體能有更大的空間，監督的權利，何來那些貪官、污吏、惡警的飛揚跋扈，尾大不掉？豈不會比以往朝代都用過卻未能挽救王朝滅亡的巡視制度反腐效率更高？眾人監督當然比一兩位監督成效要好，這只是個小學生的算數問題。

改革、憲政與世界──邁向一個文明的中國

這些事件以及各種思想、宗教的分歧與發展都表明，當今中國社會已深刻地分化。任何試圖強制性地將這種分化消除，將思想的紛呈和利益的分化納入一個統一的共產主義理想式的什麼夢想的做法，只能是徒勞。現代性的一個本質特徵是分化，一天不承認這一點並做出與此相應的制度安排，我們一天就沒有真正邁入現代的門檻。在失去共識的時代，唯一能有的共識就是承認沒有共識、尊重他人權利的共識，構建一種保護各種不同意見、公民權利的制度架構的憲政共識。靠提倡「看齊意識」解決不了任何問題：「看齊」是一種隊列，尤其是軍事隊列術語，這世界上有哪個國家比北韓那樣更像軍營，看齊做得更好？那難道是國人所樂見、中共所希望的？

中國的困境應該靠改革來超越，但改革的取向應該是賦予人民更大的權利，而不是相反向權力看齊。前些日子習近平去小崗村，報道只粗略地講到其宣示繼續改革，黨的基本路線一百年不動搖。

更多篇幅卻是描述詢問農民吃上白饅沒有，農民見到領袖如何激動。其實，今日中國確有重溫小崗精神和改革經驗的必要。在筆者看來，小崗村改革精神的核心就是一無所有的農民為權利而奮鬥；以往中國改革成功最寶貴的經驗就是真正的改革者接受小崗村這種民間的權利訴求並將其轉化為全民受益的國家政策，國家社會良性互動，賦予改革更大的活力，使國家走上改革繁榮之路。

顯然，中國經濟要想再振的要訣也只能在此。不管各類經濟學家做怎樣的分析判斷，如此巨大且發展不均的中國肯定還是有經濟繼續增長的空間，但問題的關鍵是信心，這是現代經濟穩定和發展最重要的要素。失去方向與失去信心兩者必定是如影隨形、高度相連的。與其不斷地花樣翻新，提出相互矛盾的相關說辭，不如做出一兩件確切的保護產權，鼓勵創新，嚴格法治，能重振企業家和消費者經濟信心的實事。

比如，中國政府如也能像希臘政府在去年爭取歐盟支持所做的改革承諾之一一樣，讓國家統計部門獨立運作，相信世人會對中國的經濟數據，發展趨勢會有一更明晰的認識，哪怕數據不好看，也會比猜測、懷疑更能增加人們的信心，同時顯示出政府的信心。希臘經濟的危機是國家缺位造成，中國經濟的問題更多是國家越位的結果。這種國家越位在歷史上曾多次讓中國文明喪失突破飛躍的契機，這次還要悲劇重演？強化國企和國家控制，結果只能是飲鴆止渴。現代國家不是不可以有國企，但最重要的是什麼樣的國企，在何種經濟條件下運行。在一個權力不受約束、沒有完整的市場運行，信息缺乏透明，產權不清的條件下去強化國企，最終的結果一定是資源的進一步壟斷與浪費（兩者必相連）以及相伴生的效率低

下與腐敗。

　　至於體制的整體改革，只有那些對歷史和現狀一無所知的人，才在那裡大談什麼「茉莉花革命」、「顏色革命」的後果，用來反證不能改革的必要。事實上，正如筆者多次講過，稍明智、對情況有一點瞭解的人沒有人會認定某種制度的確立會是一帆風順，一蹴而就，這些國家轉型出現的問題許多也是難以避免。但這恰恰說明，適時啟動改革的必要，所有這些國家轉型出現的問題皆可在以往威權時代找到根源；恰是拒絕適時啟動改革延誤時機，才會最終釀成民族的悲劇包括統治者自身的大禍，付出更高的成本。用膿包破滅後的慘狀來證明膿包破滅前的美妙只能是毫無遠見的愚蠢之論。

　　我們所處的世界處於動盪，大變革的時期，各種問題、危機層出不窮，經歷一個自八、九十年代以來的全球化、自由化的大潮後，出現一種新的反彈、調整趨勢，這並不意外，某種意義上講也在邏輯之中。西方國家內部也出現諸多新的挑戰，面臨一些深刻的結構調整，有著其自身演變的軌跡。但我們能否就此輕下結論，西方就此沉淪，不值得學習，再犯一戰後二十年代梁啟超式的判斷錯誤，誤認整個國家的發展方向？

　　西方國家的民主制度儘管面臨諸多問題，也需做出新的調整和創造，但民主整體上卻仍在不斷深化，即使那些最極端的左右勢力，也概無例外地以民主的旗幟在從事政治運作，不敢公然加以詆毀。一些民族主義，民粹主義的現象從來就不是什麼全新的事物，民主政治也一直是在與這種現象的內外博弈中演變。民主制度下的權利和義務、秩序和自由、效率與公平之間的緊張不始於今日，也

不會終結於明天。但迄今為止，還只有民主體制維繫了比任何其他制度都要好的平衡。民主的形式可以不同，可以創新，但不能拿虛假的形式來拒絕民主的內涵和真正的精神。

變動的中國和世界需要深刻、清醒具有歷史感的判斷。中國只有在認真汲取西方現代文明的精華之後，才能有也一定會有一個屬於自己的文明再造和復興。專看他人的問題，病態式的自我陶醉、自戀、膨脹和封閉從來是互為因果，且只能給個人或民族帶來後患。

中國失去方向！某些集團的利益與民族的整體利益的矛盾日益深刻，改革喪失動力，政治權力在向後倒轉，這一切都讓人憂慮。但三十多年改革開放所孕育出的社會力量也在頑強地抵抗，反擊，展示著中國真正的生命力與希望。雷洋事件等最近發生的一系列事件向我們清晰地展示了這一點。是中國的社會而不是權力，將在這一系列的抗爭和反擊中，為中國的未來奠定某種新的方向。再來重複一遍「國際歌」中的一句歌詞吧：「從來就沒有什麼救世主，要創造人間的幸福，全靠我們自己！」

改革的失敗與失敗的改革

.... 動向, n°363, 2015年11月號

　　近日，因有「農村改革之父」之稱的杜潤生老先生去世，引發出一批回憶杜老、有關當初農村改革的文章的刊載。從這些文章中我們可以看出，人們一方面是懷念杜老，感念他的貢獻，另一方面更是懷念當初改革的年代，以及那已經消失，與那時代相連的希望。同時，也表達出對中國不再有杜老這樣的改革家，不再有當年改革的氛圍氣勢的遺憾，甚至流露著對中國改革最終可能半途而廢這種前景的憂慮。其實，幾個-月前，當八十年代的著名政治改革家萬里去世時，這情形已出現過，只是今天，隨萬里、杜老這些當年改革的象徵性人物一一的離去，人們對那個時代已遠去、已走進歷史似乎有了一更直觀真切的感受，與當下中國的狀況相對照，對中國的未來就更感到焦慮。

改革已名存實亡

　　人們懷念當初的改革，是因為那是一場成功了的改革，它為中國後來的發展奠定了基礎，擴展了人們的自由，積累了中國改革最重要的寶貴經驗和人才。人們遺憾和憂慮，是因為所有人都意識到，今日中國到了一個歷史的關口，需要進行更加徹底、全面的改革，確立明晰的改革目標。但現實卻讓人看不到這種希望，不僅見不到趙紫陽、萬里、杜潤生這樣有真正的改革意識，意志以及政治

智慧的政治家，相反，似乎好像被改革改掉或者是希望改掉的一些東西卻在堂而皇之地回潮，被強固。最近這些年的改革，與八十年代的比起來，雖然熱鬧不斷，提法也層出，但從整體的角度看，效果甚微，甚至可以歸於完全的失敗。改革已名存實亡！

比如，且不提政治改革的滯後，就拿經濟改革來講，最近這些年的改革，再沒有什麼比要調整經濟結構，減政放權等被強調得更多了，其結果呢？一切照舊。做這樣的斷言，其實也很簡單，不必去看具體數據，僅就官方仍在那裡不斷地繼續強調要調整結構，給企業鬆綁等，就說明了這一點：因為這本身等於證明，前一段的改革沒有成功。更荒唐的是，如果放長一些時間距離，八十年代初改革初興的時候，就大力提倡要減少審批，提高政府效率，消除那種「官方印章滿天飛」「公文旅行」等現象，結果三十多年過去，要減少審批程序竟然又成為新一輪改革的重要目標！某些領域的改革到底成功了多少？

形成這種狀況顯然不是偶然的，國人事實上都清楚，它是有體制的內在邏輯，與這些年的「國進民退」、政府的擴張相關的。這也從一個角度說明，如果中國的體制尤其是政治體制、國家運行機制不從根本上改革，所有那些技術層面的改革或可帶來某些成效，最終卻是無法解決中國改革所要解決的歷史性課題。三十多年取得的成就，莫不與改革有關；而今日中國的困境，明日中國可能的危機，也絕對都是與改革的停滯和倒退相連。而這種改革的停滯甚至是倒退的現象，說到底，是因改革失去動力和方向所致。

大失敗與大改革

　　最近偶讀到一篇網上流傳的文章：「將革命事業從頭做起：蔣介石改革給我們的啟示」。談及五十年代國民黨敗退台灣後如何在風雨飄搖的局面下勵精圖治，改革再新，奠定後來台灣發展的基礎的往事。這些以往都知曉的事情，今日讀來卻有許多新的感受。文章中一節的小標題是：「大失敗後的大改革」。是的，大失敗帶來大改革，這雖不能被絕對化，但證之歷史，從某種意義上講，也確實觸及一個有關改革的帶普遍性的規律：大的改革常與政權因內外因素造成的某種政權危機相伴，常是危機的產物。即使是三十多年前中國改革的啟動，顯然，如果沒有那之前文革甚至是文革前毛的激進政策造成的種種危機，對權力合法性的衝擊，改革的啟動、改革的動力和最初年代引發的那種熱情都是不可想像的。

　　問題是，儘管當下中共面臨諸多挑戰，前二十多年不協調發展模式造就的各種嚴重的問題也正一一浮現，各種危機要素正在積累，經濟領域遭受前所未有的困難。不過，這種困難暫時還不至於危及到整個政權，多年積累下的資源也能讓政府借此支撐一段。且作為改革對象的許多利益集團本身是與體制息息相關，構成權力的重要基礎，因此也很難指望在現有的改革框架下，在官方不願意對體制有根本性的調整、對社會參與改革抱敵意和戒備的情形下，真正的改革的輿論和動能難以形成。此外，國際上鑒於歐美都在調整期，諸多狀況也不理想，中國雖因力量擴張在周邊國家那裡引起些敵意，但因財大氣粗，在世界上還顯得有些風光。

　　這一切都使得當政者不具有當初八十年代執政者啟動改革時的

那種動力和意願，官僚集團也不支持真正可能傷及其利益和地位的改革，而民眾又由於缺乏參與渠道，對已經扭曲的改革，常常是有損他們利益的所謂的「改革」措施毫無博弈制衡的手段，反改革情緒日漲⋯⋯真正的改革措施就很難得以出台，有效落實。也因此，我們看到，最近這些年官方推出的所謂改革多流於字面，最終成一紙空文。

　　缺乏必要的壓力，缺乏某種較大的「失敗」，即某種對現有改革路徑，制度運作，發展模式能造成較大的衝擊和震撼的事件，這種體制還會依據慣性持續下去，真的改革也就不會出現。一個時代已經終結，但新的時代尚未開始。歷史正在這交替時期中徘徊，為中國的未來準備著各種命運的劇本。但歸根結底，正如歷史上不斷展現的，其實不外乎兩種可能：革命或改革。只是，如果現在推出的改革繼續失敗，最終就會積聚起一些巨大的能量，有可能將整個改革，將三十多年前成功的改革積累下的所有成果，一朝顛覆，造成改革從宏觀上來講最終的失敗，成為一個從大歷史的角度看的一場「失敗的改革」。無人希望有如此的命運，但今日的改革如再不能汲取新的社會力量加以推動，注入活力，又靠什麼、如何才能來避免這種結局呢？

天津爆炸：一個時代的終結

BBC 2015年8月17日

天津爆炸！巨大的火光，原子彈爆炸般的蘑菇雲，慘烈的傷亡。中國接連不斷的災難單上又添新例。人們在焦慮地關注救災的進展，人員的傷亡和救治，災難可能的後續危害。同時，人們也在追問這場災難的成因，思考著其對中國未來可能的影響。

或許，經歷了太多的事故和災難的國人已有些麻木，對這種災難可能帶來的變化已不抱希望，是的，在筆者看來，幾乎可以斷定，這場災難不可能給中國帶來什麼立刻的變化，體制依然將在其慣性的軌道上滑行，救災中各級官員的表現已經預示了這一點。

但是，這畢竟是場特殊的災難，其造成的影響也將深遠。且不論它為未來的中國發酵出什麼，至少，它已經以一種悲劇、慘烈的形式，象徵性地宣告了一個時代的終結。

無可置疑的人禍

與以往一些災難的不同在於：這場災難是一場徹頭徹尾的人禍！後八九時代這二十多年，中國發生人員重大傷亡、財產損失的災難，從非典到汶川地震，都有極大的人禍成分，天災人禍相連，但畢竟官方還是可以找到某些借口，人們也會容易接受，將沉重的損失歸之大自然或些非人為的因素身上。

即便是上海靜安火災，北京密雲、上海的各類踐踏傷亡，外地

類似的爆炸事故，不僅規模難於與此相比，也都可以以工人違規操作，人群眾多，管理疏忽等等加以辯解。且只限於一樓、一地、一時。在政府的強力動員和宣傳下，易於平息。

但此次，已無任何借口可言。遭難者無辜受害，飛來橫禍！在於居民如此近距離的地方，存儲這類危險產品，以最基本的常識都知其不可，且管理如此混亂——據報，該公司倖存者張華稱，在這存有大量甲酸、氰化鈉和電石的倉庫裡，小火災，漏氣事故竟然一直不斷！這幾乎等於謀殺。

更何況，還有那麼多本不該犧牲、消失在火海中的年輕消防隊員們！

一個時代的終結

從歷史上看，一個時代的終結往往需要一個重要的事件。或許，天津的爆炸聲，就是這樣一個時代的休止符。那狂歡的時代發財曲，起始於六四鎮壓以及稍後的南巡，經九十年代的起轉，入世貿後的高潮，在零八年奧運的焰火中達至峰巔，而後，伴著那漫天焰火的漸漸沉寂，轉入低沉。雖靠四萬億的興奮劑再造短暫的回升，終無可避免地低落下去。

無論官方怎樣以「新常態」來粉飾，也無論那實在讓嚴肅的經濟學家起疑的增長數據依然相對亮麗（7%？），蕭條還是慢慢地籠罩上中國。一場股災，一夜間讓眾多人財富付諸流水，也讓許多個發財致富的「中國夢」頓成泡影。對中國未來的懷疑本已在蔓延，現會加速擴散，爆炸的許多傳導性後果或許我們將來才能知曉。除

那恐怕要以幾十、上百億（人民幣）計的直接損失外，僅作為華北出海口的天津港的停運，哪怕是暫時，經濟上造成的損失也可以想見。

那好萊塢科幻影片中世界末日般的畫面，在這大眾傳媒的時代迅速地傳遍中國和世界，在人們心中造成極大的震撼。在瞬間消失的財富面前，國人或許會重新思考其意義。而在世界上，多年來隨中國的高速發展所呈現的那幅有關中國的繁華圖景，從此將被以一種疑慮的眼光重新審視。

在最發達的地區之一，在體制控制力最強、官員水準本應屬上乘的京津之地，發生造成如此巨大損失的人為災難，前所未有；災難和挑戰已不再只停留在邊緣地帶，已漸漸逼近紅色帝國的心臟。

肇事企業的背景，其各種登記和運作上明顯違背基本的規章和常識的蹊蹺，難免不讓人猜測那背後深藏著的權錢交易，這時代中國的家常便飯；同時，圍繞救災所顯示出權力的那種一貫的傲慢、愚蠻、遲鈍、與人性的疏離；那些一問三不知，只會推諉的官員的拙劣，直讓人心生絕望。

震驚世界的災難後數天，除一位女副總理露個臉外，不見本地和中央領導人身影，是怕擔責還是怕受毒氣傷害？而災難後官方媒體甚至事發當地媒體依然鶯歌燕舞的表現，讓人再一次見識黨控媒體的無恥與可憐。

人們對體制能力的信心，再次動搖；近乎破產的官方信譽，再次受到毀滅性的打擊。

制度根源的改造

　　無論官方最後怎樣解釋，天津爆炸再一次將現體制的弊端赤裸裸地展現於人們面前。任何社會都無法避免事故的發生，事故後社會的反應往往也大不相同。但能否和怎樣汲取教訓，不讓社會付出額外的代價，就絕不是技術管理層面所能決定，它往往要取決於國家的制度和哲學。

　　2001年，離法國南方重鎮圖盧茲（法語：Toulouse）80公路處的化工廠因工人操作不當引發大爆炸，除最初懷疑過恐怖破壞外，人們知道那只會是事故，雖有批評，但並不會對政府的立場、採取的措施和事後會有的檢討以及受害者該受的補償抱什麼大的懷疑。因為，與中國不同，人們對體制和司法的公正獨立有基本的信任，而政府也是一個由民眾選擇且受媒體、獨立的司法、成熟的公民社會和反對黨監督、約束的政府。當時和事後事態的發展和相關法律的通過，都很好地證明了這點。

　　當然，在當下的中國，任何有關生產和生活安全上的管理和技術的改進、領導的重視都值得歡迎，但這類改進以及所謂重視，能否保證類似的災難減少，實在令人懷疑：一再頻發性質相似的事故早已證明這一點。而其中的關鍵，在於無人負責、且不必向公民負責的體制，以及與這類體制必然伴生的腐敗和專斷。迄今為止，人們對何人負責天津救災仍是毫無所知，這又怎能讓人相信官方救災的誠實和效果？

　　此次天津爆炸，許多人提起與蘇聯切爾諾貝利（又稱，車諾比）核電站的相似之處。那場核災難與阿富汗戰爭可以說是構成最

後推倒蘇維埃帝國的兩張骨牌，今天解密的檔案已經揭示，事實上有關其可能發生危險的報告早已存在，只是在那個腐敗僵化、沒有監督的共產制度裡，它永遠靜靜地躺在官僚的抽屜裡，直到事故爆發，帝國崩潰，才被人們再發現。天津爆炸前數日，領導們豈不也走訪檢查了該地的安全工作？！

不解決權責的來源和界定，不解決權力的監督，中國就將永遠會在類似的災難中輪迴。那種找幾個官員平息民怨先撤職、後復出的把戲，說到底是由體制所決定的一種官僚權力集團的自我包庇互利。多年前因鐵道事故死亡慘重「辭職」的鐵道部長丁關根後竟復職高就政治局委員，而前幾年上海靜安高樓火災因對「工程組織實施不力」被撤職的正副區長，也早已靜靜安安地復職。這類例子不勝枚舉，誰還能指望中國的官員能有戰戰兢兢對民負責的施政之心？

邁向現代文明

天津爆炸，再次顯示暴露出的這些災難現象的背後，都有一個文明的價值選擇和體制構建的問題。

當自己國家的媒體不能很好地扮演起該扮演的角色，許多性命攸關的「謠傳」（比如：事發後關於幾個消防中隊已犧牲、七百噸氰化鈉的存在）要到幾天後才被官方遮遮掩掩地承認，國際媒體的存在事實上就起著拓展透明度，維護中國國民權益的角色。但我們看到的卻是：連官帶民齊上陣，以所謂民族的聲響阻礙記者的採訪。

在死亡面前，消防隊員竟仍被分成三類九等，只因出身多為底層，一些消防隊員的親人需要抗議才能得到一些該有的信息。正如在救火中所暴露的，一些基本的知識、經驗和慣例不去學習遵守，常迷信、鼓吹毛式的意志至上，蔑視科學，用前現代的思路去管理現代生活，草菅人命還振振有詞，當作律令不斷傳授，奉為中國特色。

中國人到了需要認真地審視一些基本的價值和問題的時候了。到底要一個怎樣的現代生活，怎樣的生命觀、財富觀？執政黨有沒有自許的永遠執政的資格？不必去爭論什麼西方、東方民主，權力到底該不該有授權？官員要不要受監督？公民有沒有知情權，媒體可不可以有自由報導的權利？法律該不該與政治分離以便更好地約束權力，保護公民？

這些，在這個悲劇的時刻，都不再只是些虛無縹緲的理論話題，而是活生生與每個公民的生命安危、呼吸、健康、財產的保護密不可分。因人為因素和內在結構的不合理，「東方之星」可以在一分半鐘讓443人命喪江底；因與貪婪、制度性腐敗、玩忽職守、蒙昧等相連的一場爆炸，卻能在幾秒鐘讓成百上千人傷亡，眾多的家園和財富化作煙塵。造成此次爆炸本該嚴控的「氰化鉀」，卻因慾望的驅使和權力的同謀下而在中國大地到處被濫用，乃至長期生活底層目睹這種濫用的工人詩人年喜用「氰化鉀時代」來概括這個時代。這是一個有毒的時代。

為每個人的生命、健康、財富和後代的幸福成長，爭取和捍衛自己的權利，對國家權力進行約束，保有警惕和批評，大概會是保證災難少些降臨，消除各種物質和精神上的毒物，文明最終得以構

建的根本途徑。這是這場爆炸該給人們強化的意識。

　　天津爆炸，一個時代徹底終結，但從根本上釀造了這場爆炸的中國現行制度尚未終結，只是，如果中共的官員們繼續像在此次災難中這般行事，如此推諉、自私、不負責任、草菅人命、無能，這個制度的終結也將可以預期了。只是我們不知，那是否也會是以爆炸的方式出現。

中國的輪迴
——從兩個十六歲孩子的命運看中國

動向, n°360, 2015年8月號

　　自習近平任中共總書記，關於他的一些往事漸漸被人所知曉。特別是因受父親牽連，少小受到迫害，青年下鄉，如何砥礪意志受鄉親歡迎等故事，不斷地被一而再，再而三地傳播，幾乎是到了人們耳熟能詳的地步。

習近平：十六歲時的遭遇

　　九歲，父親被貶，從此與其聚少離多，受到的社會冷落可以想見。十五歲被作為黑幫子弟揪出，康生的老婆曾威脅說其夠「槍斃一百次了」。文革初期多次被審查關押，進少教管理班，導致身體虛弱不堪，遍體虱子，後到關中富平老家大姑處調養，靠大姑一碗碗鮮奶餵養調整過來。十六歲被下放到延安延川縣梁家河大隊插隊。初期不適應，逃回北京，又被關「學習班」半年，後聽從姨父魏震五的建議重回陝北農村，成一模範知青。在申請多次不果後，最終被接受成為黨員並當選大隊黨支部書記。上大學，用習近平自己的話講，「像我這樣家庭背景的人在當時是不可能被錄取的」，但在一些好心人幫助下，習近平最後還是成為工農兵學員，去了清華，邁出人生的重要一步。

　　四十多年過去，從十六歲到六十歲，當年受迫害的少年一步步

在體制中攀升，因緣際會，成為中國最高領導人，新一代強人。在他領導下的中國，一系列反腐肅貪的活動如火如荼，對公民社會的打壓也緊隨其後，前所未有。一批批維權人士、維權律師被以各種名義逮捕，約談，警告。對輿論控制的嚴酷也是二十多年所罕見，乃至有人認為「文革已經臨近或已經再現」。

在這種背景下，發生了另一個十六歲孩子的故事。

包濛濛：另一個十六歲孩子的命運

律師王宇和她的丈夫包龍軍是著名的維權律師，這些年在維護公民權益上一直走在前列，受到各種打壓而不氣餒，也因此成為官方最近這次打壓律師運動的首當其衝的受害者。而他們的兒子，一個十六歲的少年也因此成為被株連迫害的對象。據「維權網」報導，7月9日，當王宇律師送丈夫和兒子去機場時，她大概沒有想到是怎樣的命運在等待著她自己和丈夫、兒子。當丈夫包龍軍和兒子濛濛正準備登機經吉隆坡前往澳大利亞送濛濛去澳洲上學時，警方突然出現，將他們倒背雙手強行分割綁架。濛濛被警方帶至一旅館，二十多個小時未進食，想與家人聯繫被禁止，要上廁所竟被警察們連推帶打摔倒在床上……四十多個小時後才被姑姑接回。一個律師未成年的兒子，卻無法被父親依法保護。一家三口從此分別！

自那以後數天內，包濛濛三次被警方傳喚，警方警告其不能詢問其父母的下落，不能給他們請律師，不能接律師的電話和給他們打電話、發信息，為切斷他與外界的聯繫，要求他更換電話號碼。並明確說，家的鑰匙不會給他，護照不還，永遠別想再出國上學

了。……在被恐懼籠罩外，我們也能想像到這樣一個少年一夜間父母入獄，留學夢想破滅所能感受到的那種殘酷和痛苦。

據知情者介紹，濛濛是個好學生，對父母從事維權事業一直表示理解和支持，母親生日，他給母親切蛋糕，說的第一句話是「感謝媽媽為中國人權事業所做的努力」。儘管他自己也早已為此付出很多代價：警察時常上門騷擾，有的時候父母在外辦理維權官司，家中無人，受警察的威脅恐嚇。

從習近平到包濛濛：一個悲劇的輪迴

因政治原因株連迫害老弱婦孺，違背基本的人道原則，這是毛治下的文革時的普遍現象，人們曾樂觀地以為隨中國的改革開放、法治建設、現代化的進展，這類現象會慢慢在中國絕跡。不想，人們驚愕地發現，在當年受這種株連迫害過的習主席領導下這類現象竟再現。不僅如此，在二十一世紀這個號稱是中國的盛世、崛起的時代，甚至在中國有拿兒子的命運要挾父母低頭認罪，這種即使是王朝時代也不算光彩的事發生。高瑜女士為兒子認罪便是一例。也許哪一天，我們會忽然聽到包濛濛得到批准再次去澳學習的消息。那原因或許就是，他已經完成他的使命：在監禁中的母親出於母愛已經為他本應具有的權利低頭認罪。即使真發生這一幕，難道還會讓我們感到驚訝？

當年，習近平在各級良心未泯的人們幫助下，終於離開鄉村，去了北京清華讀書，改變了自己的命運，而今天包濛濛除了上面我們談及的那幕出現的可能外，又能怎樣做才能擺脫自己的命運，離

開中國，到國外去實現一個年輕人留學的夢想呢？他不會有習近平所有的那些來自父輩的各種潛在的資源：因為儘管習仲勳已被打倒很久，只要那政權沒有將所有參與建政的一代徹底清除，那種資源就是一定或隱或顯存在的，構成對他的支持，直到有一天送他登上權力的最高峰。習近平也許正是在那種境況裡，從另一種角度強化了他對黨的忠誠，形成了他對權力的認識。

而包濛濛所能具有的資源，就只能是人們的同情，來自國際社會的關注和維權律師們守望相助的支持。而在這個時代，儘管我們無法確認這個遇劫的年輕人所就此會形成的看法，但我們可以相信，那絕不是與父母劃清界線，遞交入黨入團的申請，而最可能的恰恰是與體制徹底的決裂，對父母捍衛人權事業更深的認同。

從十六歲習近平的遭遇，到十六歲的包濛濛，四十多年過去，一個中國的輪迴！一個中國的悲劇！雖然我們可以看到，中國有了很多進步，但我們卻也不能不痛苦地承認，在一些關鍵的問題上，在一些攸關民族的文明建設，國家長治久安的制度和文化建設上，並沒有本質的改善。權力依然沒有得到足夠的制約，公民的權利尚未沒得到很好的保證。而這不僅會造成王宇、包龍軍律師，他們十六歲的兒子包濛濛的不幸的境遇，也是這個國家許許多多不公正的淵源。

為將來更多的十六歲的少年能自由地夢想、求學，享有他們該有的幸福，這種中國式的輪迴是該到了被截斷的時候了。

扼殺寬容的夏季
——對最近中國一些事件的評議

························· BBC 2015年7月27日

2015年這個炎熱的夏季，中國發生的各種事件依舊令人眼花繚亂。但稍加觀察，卻不難發現有一個共同的特徵，一個讓人即使是在炎夏也要心生寒意的指向，那就是：扼殺「寬容」！近四十年中國變革的精神底色是否會就此更迭，暴戾之氣是否會更加氾濫，民族的前途是否會就此黯淡？這些，都在這個夏季纏繞著人們的心頭。

寬容的復歸

從一種大的視角來審視，後文革時代迄今中國人精神流脈上最重要的變化，或許，就是「寬容」精神的復興和擴展。它在對文革的批判反思中孕育，在八十年代改革開放事業啟動時代浮現，伴隨著中國的現代化事業延續發展至今，構成其精神的基調。

人們或許還記得，八十年代中，在胡耀邦等領導人的鼓勵下，時任中宣部長的朱厚澤先生提出過著名的「三寬」（寬厚、寬容、寬鬆）政策；荷蘭裔美國作家房龍（Hendrik Willem Van Loo）的《寬容》（又名《人類的解放》）一書在被禁多年後再成熱門，一時洛陽紙貴，學子人手一冊。雖然付出不少代價，那個時代改革開放中的各類前驅者的探索大體上還是得到了政治上的寬容、鼓勵，

社會的支持。各種藝術創作、理論探討因「寬容」得以突破，為後來的思想和文化的發展奠定了基礎。因對「寬容」的提倡，不同的生活方式、行為、群體文化、宗教得到某種存在和發展的空間，社會的活力再度激發，開始獲取自主性。

雖然官方為維護其教條和各時期政策不斷地進行各式打壓，思想、政治、文化上的各種博弈也一直不斷，先行者也持續為此付出痛苦和犧牲，八九後某些領域發生緊縮；但畢竟，對文革的巨大的歷史性反彈，改革開放造就的各種客觀形勢，市場經濟提供的自由邊界的擴大，知識分子不懈的努力，年輕一代的開放，從一種極權主義的權力結構向威權結構演變讓渡出的某些空間等等，都促進了寬容精神在中國的深化和擴展。

不容「寬容」

這一切，在最近一兩年開始發生逆轉，到今夏更是進入一個新的階段。

政治上罔顧法治精神大肆逮捕迫害維權律師和維權人士，網絡上封殺各種不同的意見和信息，用「安全法」等法律強化各種控制；央視變成審判所；文化上孟崇然道長要求拍攝「道士下山」電影的導演陳凱歌道歉，斥為「賣國賊」的言論；喜劇小品「木蘭從軍」的飾演者賈玲在所謂捍衛民族英雄形象人士的壓力下被迫道歉，自貶為「無知和疏於學習」；北大副校長梁柱「青年喜歡性生活是西方文化的陰謀」論，生活中動用警力抓捕刑拘試衣間做愛的年輕人⋯⋯一種不寬容的姿態和行為挾權力的威懾開始氾濫。

上訴事件儘管有些可能出之偶然，也不一定全屬官方的統一部署，但內在的精神指向卻高度一致，與近兩年來官方在政治、意識形態、文學藝術、教育、社會治理等各個領域推行的一系列論述和措施一脈相承；也是這些論述和措施必然要導致的後果。其精神上與「寬容」相反，邏輯上更是極權式地要統管一切；文革的實踐尚未全面再現，但文革的邏輯已再具某種合法性。

從政治和社會學的角度看，這是迄今未脫極權的權力運作模式和意識形態的官方在面臨日益分化的社會結構，在合法性缺失，面臨種種累積的危機因素面前的一種反彈，是一種極度焦慮的體現。那不斷宣稱、氾濫的「自信」說辭，從心理學上講，也恰恰流露出這種焦慮、不自信的心態。

不願邁出政治改革的步伐，又必須面對現實的種種挑戰；否認西方模式，又無法找出有效、具說服力的制度設計；希望獲取現代文明的諸多好處，卻反對「寬容」等現代文明的精神原則；想贏得民眾的支持，卻缺乏對社會的信任，甚至對其充滿敵意。用維穩、壓制的邏輯去應對異議和矛盾，用全面控制來幻想消除分化和差異，不僅藥不對症，也與以往成功的改革經驗背道而馳，結局注定會歸於失敗。只是，這其中因內在的矛盾所積聚的爆炸力會讓中國付出怎樣的代價，我們尚不可知。

真假寬容

正如在過去屢屢發生過的一樣，在一種真正的寬容精神被踐踏的時代，往往會有人出來以寬容為旗號為些不屬「寬容」範疇的人

和事加以辯護。最近媒體名人吳曉波撰文為與所謂氣功大師王林合影交往的達官名人辯護，呼籲「寬容」（註1），便可為一例。

這裡我們不去猜測吳先生的動機，也不是說吳先生沒有按他的立場撰寫文章的權利，但至少我們可以說，吳先生很大程度上是誤解扭曲了寬容的精神。寬容不是鄉愿，不是放棄批評，沒有原則。不是權貴做了髒醜之事可以靠寬容拒絕他人的批評和監督。克林頓不能既享有總統的權勢和好處，卻要求社會不對他與萊溫斯基的關係置評。那只會是強權的邏輯。

而中國許多問題的一個癥結，恰恰是權力以及圍繞權力的權貴們對社會常不寬容，卻反過來以各種冠冕堂皇的理由讓社會對他們無限度地寬容。這些權貴名人當然有權利按自己的意願與他人合影，這不是人們批評的重點。至於吳先生說「所有去見王林的人，都是對生命本身有好奇的人」。顯然是過於天真了。

這些權貴們照別的照片，除了娛樂八卦，人們並沒有表示出特別的關注，更談不上如此的反感。可見，此次人們關注的重點是：不管是有意無意，通過照片所顯示出的是：這些所謂的精英事實上已參與到王林這樣一種典型的權、錢、名、騙的交換網絡，給予其某種信譽資源，從而構成其中必要的一環。社會上對此的反彈、譴責和批評，關鍵在此。

無節制的逢精英必反是民粹的，當然是需要警惕的，但對這類現象進行批評的前提首先是精英的行止作為要符合正義和法律；權貴、名人們不能一方面享受其聲名、權勢給其帶來的諸多財富和好處，另一方面卻傲慢地拒絕人們對其有任何監督和批評。對這些人的寬容事實上就只能等於對腐敗與無恥的縱容。

　　如果吳先生這樣的人士真希望中國出現他所主張的「社會智力底線」，或許最好的方式就是把批評的指向多針對那類與王大師合影的人物，因為顯然是他們，不僅對中國社會的「智力底線」也包括「道德底線」的破壞負有更大的責任。

公民的抵抗與文明的再生

　　所有偉大的文明都具有某種寬容的內涵，也都曾經歷過與寬容相連的輝煌的時代。但今天我們所談及的現代寬容精神是在西方的宗教衝突中誕生，它與傳統的寬容精神相連，但更強調的是對人的權利和尊嚴的尊重，有著一種內在的平等精神、理性的態度，以及，對精神和文化的探索者、一個社會中的弱勢群體和少數族群的尊重和保護。寬容與傲慢無緣，也不是某種恩賜。寬容與絕對的權威和真理的獨佔相悖。寬容反對暴力，正如暴力不能容忍寬容。寬容精神衰頹之日，常常就是文明進入灰暗之時。

　　2015年夏季，這個生命茂盛生長的季節在中國所發生的這一切，預示著中國文化和精神上一場可能的寒冬。為所有精神和文化的生命不被扼殺，為每一個公民的權益和尊嚴能得到保證，暴力不肆虐，寒冬不真正來臨，堅持寬容的精神，對各類來自權力和社會中的不寬容的現象進行譴責和抵制，這不僅關係每個個人，也關係到這個民族的未來。三十多年來積聚的社會力量的強弱，文明精神的發育狀態，都將因此經受一次嚴峻的測試。

　　從歷史上看，許多政治壓力可能造成文化和社會的委頹，但在某些情況下，又能成為一種文化復興的催化劑，從另一面鍛造型塑

準備了新的文明，事與願違，恰恰形成權力最不想看到的一些新的文明要素的出現。中國能否經受住此次倒退，達成這樣一種成果，很大程度將取決於中國的知識分子、民間社會能否韌性地抵抗，堅守寬容，堅持批判——這些既是文明的要義，也是通向文明的道路。

註1：被稱做氣功大師的王林多年依靠功法（魔術界揭露其實為些魔術）騙取一些權貴的青睞，借此斂財，後涉嫌綁架殺人於2015年被逮捕。網上有一些他與一些社會名流的合影，引發社會輿論對這些名流批評，認為他們缺乏基本的常識、科學精神，受這樣一個江湖騙子擺弄。企業家也是知名經濟評論者吳曉波出面撰文希望社會對這些名流要寬容。

新毛主義的執政趨向

.... 動向, n°358, 2015年6月號

自習上台兩年多以來，毛時代的各種話語和政治表現形式多有回潮，這既是社會層面這些年逐漸出現的文革熱、毛熱等各種社會心理、思潮在政治層面的反映，也是時髦一時的薄熙來的「重慶模式」的示範效應引發的某種政治延續，更是官方在面對各種危機面前因政治上無法突破，轉而取毛時代的一些理念和做法加以應對救治所帶來的後果。

毛鄧兼用的執政路線終難成功

一方面，習希望依靠經濟改革繼續維繫中國的經濟增長，擴大資源量，藉以鞏固統治的基礎，同時也冀希某些司法和國家制度的現代化來更新和提升國家治理的能力。另一方面，借用毛時代的一些做法，對鄧式發展模式遺下的種種弊病加以糾正，以某些民粹色彩的政策和口號來平議社會不滿，緩和矛盾，強力反腐，限制官僚隊伍的濫權，維持穩定。打通毛鄧，毛鄧互補，毛鄧兼用，這大概是習現時執政的基本特徵。其主旨顯然在服務於習個人權力的鞏固和中共執政的穩定和續延。

由於經濟和司法改革等領域並沒有取得預期的效果，經濟下行壓力在各種內外因素的作用下依然嚴峻，社會矛盾並沒有因反腐而從根本上得以緩和，官僚系統普遍採觀望不作為的態度，更有因反

腐和權力再分配而利益受損者心懷不滿，一大批具有現代意識的精英因當局對自由派人士的打壓和限制而失望、疏離、憤怒，社會中雖有些階層因反腐對習燃起些希望，但這種支持如果沒有更實惠的政策支撐，富有成效的制度性建設接續以滿足人們生活條件改善和權利增長的要求，終將難以長久。習在迅速地執掌鞏固了權力、成為某種新強人的同時，也落入強人常有的那種巢臼，給人一種形單影孤的感覺。且因其權力合法性資源的薄弱而具有某種脆弱性，而這種脆弱的深層原因顯然在中共政權的合法性危機。此外，習也並沒有提出足讓人們信服的有關未來中國的遠景。……總之，這種毛鄧兼用的執政路數迄今並沒有達成讓人滿意的結果，事實上也絕不可能為中國的未來開闢新局。因為，毛鄧的執政方向從根本上是有極大差別的。前者是反自由取向的，後者卻是半自由取向的。試圖將本質不同的東西加以調和，最終的結果只能是不僅無法消除這種內在的矛盾，還可能讓自己被這種矛盾消磨掉。

不過，在這種無法調節的矛盾面前，出於穩固權力的需要和體制的慣性，未來一段時間內很可能出現的趨勢就是這種毛式的執政風格會有所強化。以往人們熟悉的一些毛式的做法和提法會不斷被拿來進行新的嘗試，用來應付現實亟待解決的各種問題，形成某種新毛主義的執政趨向。因為，對習來講，在不想邁出政治等方面體制改革的關鍵步伐的情況下，用鄧，已經不可能有太大的迴旋空間，鄧模式的長處多已釋放，而其弊端正逐一顯露；須對鄧的模式加以根本檢討方可為改革注入新的活力，而這又不是習當下所想做的。

回歸毛的路線終歸是死路一條

　　而用毛，則有利於掌控和強固權力，迎合社會某些人的心理，具有制度依托和意識形態的正當性，習當然會進一步加以利用。更何況從他那一代人所受的教育，成長的環境，政治的學習和歷練來看，顯然是與毛的思想和作為密不可分的，如沒有反省精神加上大權在握所具有的誘惑，很自然的就會讓習傾向學毛仿毛。當然，如用毛過度自然會造成抑鄧甚至否認鄧，那將使中國形勢出現大的逆轉，這也是習當下所不能承受的，故在使用毛的政治理念和做法上也會盡量為我所用，適應新形勢，採一些實用主義的做法，毛為習用。不過，鑒於支配這些毛式做法的理念從根本上與現代精神相悖，其形成和適用的歷史條件都已經發生根本變化，與當下中國面臨的問題有本質區別，無論習怎樣試圖將其現代化，塗抹上些現代色彩，最終注定也是於事無補。道理很簡單——現代的問題只能以現代的方式解決。

　　走群眾路線，學習焦裕祿（註1），強化意識形態工作，重講古田會議（註2）精神，負責意識形態的主要官員重談階級鬥爭，直到最近的新統戰，在社團組織建立黨組……如果我們拿過去毛的傳統做參照，我們會在毛那裡找到習現在所提倡和實踐的許多政策直接間接對應的動向。如以毛所謂的保證中國革命勝利的「三大法寶」，黨的建設、武裝鬥爭和統一戰線來看，從習近平上任伊始提出的有關治黨八條鐵律，到反腐、學習焦裕祿、群眾路線，……可歸為習氏黨建；古田會議、軍隊整肅、強軍，包括經濟領域的發展，或屬於新時代習近平視野裡的「武裝鬥爭」。至於統戰，這個

當初爭取權力的手段，現被用來保衛紅色江山。正如前一段中央統戰會議所顯示的，是要用來吸納可用之才，盡可能消解精英和社會大眾的不滿，為提升黨的領導能力，維護黨的領導地位。而從這個角度去看，這幾天新出台的有關在社團裡建設黨組的規定，也不外乎是新時代「支部建在連上」（註3）的一種試用，要在新興的社會領域延伸強化黨的控制。

一如我們在前一段就群眾路線，學習焦裕祿等運動看到的結果一樣，所有這些企圖最終都難以收到預定成效，或許只能在某些領域、某種程度地對習和中共的政治控制有所幫助。但反過來，這些措施卻有可能掩飾壓制了各種社會利益和意見的表達，延誤對一些根本問題的解決，最終反過來動搖顛覆中共的統治基礎。中共這種治理上的兩難說到底是其體制和意識形態所決定的，不進行根本性的意識形態和制度的更新再造是無法解決的。一個問題是：當這些新毛主義式的執政嘗試碰壁失效後，習會怎樣面對中國面臨的種種問題和危機呢？歷史是不會給他很多選擇的了。繼續固持這種毛鄧兼用，毛鄧互補的執政導向，最終很可能是災難性的，對中國，也對他自己。

註1：焦裕祿（1922-1964），中共樹立的所謂幹部楷模，生前為中共河南蘭考縣委書記，以關心民眾利益疾苦，不搞特殊著名。但關於他事跡的真實性，一直存有爭議。

註2：古田會議，是中共紅軍第四方面軍1929年12月28日至29日在福建上杭古田鎮召開的一次會議。會議確定了中國共產黨對軍隊的絕對領導原則，毛澤東也因此會議再次確立了其在該軍隊中的領導地

位。爲中共歷史上最重要的會議之一。

註3：中共建黨、建軍的一個重要原則。1927年毛澤東組織秋收起義後，開赴井岡山途中，在整軍中提出該原則：在每個連建立黨的支部，在班排設立黨的小組，以便有效地掌控軍隊。該原則後在「古田會議」中進一步得到確定。

無法達成目的的統戰

BBC 2015年5月25日

在新聞不斷的中國，最近一件被許多人熱議的就是中央統戰工作會議。這間隔九年後再續的會議，除些一般性的宣示，名稱由「全國」升級為「中央」的改動讓些觀察家分析猜測之外，最引人注意的大概就是對所謂新三類重點對象統戰政策的出台了。這或許會讓某些相關人士歡欣雀舞，看到陞遷騰達的一番可能的光明景象，不過在筆者看來，從根本上講，啟用毛時代的這類做法來應對今日的種種課題，雖不能說毫無效果，但可以確定，最終是無法達成其所要達成的目的的。

社會分化帶來的困境

現代社會的一個本質性特徵在社會分化，社會學的經典大師們早就對此有過精闢的說明。這是現代文明的自由導向所決定的。只要我們一天不接受這一點，我們的思想就很難說邁入了現代。也是從這一點，我們可以理解為何毛時代，那種以反現代、反自由的方式出現的現代建設最終會失敗。改革開放以來，隨市場經濟的確立，中國社會以前所未有的速度分化。一方面這是現代文明的本質使然，另一方面也因制度和轉型特點而形成某種中國式非正常的特殊分化。總之，一個顯見的趨勢就是，社會分化已成不可逆轉。所謂共識喪失根本上肇因於此；而所有中共面臨的合法性和治理危

機也都可以從這個角度得到某種解釋。因為，沿用至今的中共傳統體制的基本架構是極權性的總體社會架構，其指導思想上是反分化的，這體現在各種有關「統一」的官方論述上，不能不與社會分化的趨勢發生根本性的矛盾。

面對這種局面，中共一方面想要保有那與分化相伴而來的社會與經濟活力；另一方面無論是從意識形態還是從利益的角度出發又都不願放棄作為一黨獨大統御一切的地位，確立符合這種分化狀態的現代政治和治理制度，因此常常在這種兩難的狀態、撕裂的邏輯中左右搖擺，前後矛盾，嘗試著在原有制度和意識形態的框架內修修補補，擴大執政基礎，解決合法性危機，維持某種平衡。此次再祭出統戰這「法寶」，也是這個目的。

只是，與過去相比，執政黨今天所感受到的社會疏離或許更加嚴重，在意識形態、政治領域一系列讓人匪夷所思、不得人心的做法造成相當一批社會精英失望，對未來缺乏信心，對執政集團冷漠、懷疑甚至是敵視的狀況下，執政者有更大的理由擔憂某些社會精英在背其遠去。在有著世界上最多的成員的黨的內部和外部，卻找不到足以讓人放心依據的可靠力量。「更無一人是男兒」說，顯然透露出執政者這方面的某種焦慮。在不斷重複著各種有關自信的理由的同時，卻無法改變著不自信也不相信的人群在繼續增長的事實，那不斷加大的移民潮從一個側面佐證著這一點，它捲裹了諸多社會精英包括與執政集團核心層相關的眾多人。留住人才、財富，贏取人心，攸關生死存亡，於是有了對這三類人的召喚和安撫。

難以成功的統戰

我們因此可以明白，與過去統戰領域那種帶有走形式的面子活不同，企圖心甚強的習所主導的這次中央統戰會議確是想給統戰工作一些新的活力，讓其在新時期面對新問題具有某些社會整合、吸納精英、提升國家治理水準、鞏固執政黨地位的功效，這是我們從閱讀此次相關報導中能清晰感受的。將統戰會議從「國家」改為「中央」，一方面是習重建中央集權的政治邏輯的自然伸延；另一方面，也是習在不動現有體制的情形下，試圖通過統戰回應上述各種挑戰嘗試的一種表現。

不過，這種統戰的政策會面臨諸多難以克服的阻礙。首先，這種制度和政策設計本身具有缺陷。黨依據自己的標準招徠各種人士來服務於黨對社會的領導，增加執政資源。但因黨的絕對主導地位、缺乏執政授權和約束，黨所具有的自身利益等等因素，無法解決黨的合法性再造、與社會的矛盾等問題。以老太爺的方式安排人事、政策，處置利益分配是達不到化解社會利益衝突，確立社會公正，達成共識的目的。最多只能在治理功效層面有所提升。其次，面臨自主意識日漸強化的一代精英人才，一切都要以維護、服從黨的領導為先決條件的這種類似傳統的主僕關係，是很難適應在新的環境下成長的一代精英的自主要求的。最後，除可動用些民族主義資源外，官方欠缺具有足夠說服力的意識形態，無法有效地提供更具吸引力的思想資源，動員社會精英竭誠參與。

結果，可以預見也是過去這些年常見的，就是官方利用手中掌握的經濟、聲望和職位資源，軟硬兼施，招納些樂意效力的人士。

且不說這類被吸納人士是否會給主政者加分，豈不見那兩位受召見抬舉的網絡作家周小平和花千芳給習帶來的聲望損害可謂是災難性的。就是那些聲名略好，確有些真才實學成為統戰對象的人士，即便得到好處，內心是否認可現行體制與政策也未可知。此外，有些人可能心知肚明官方這類治術、御術意旨所在，投其所好，玩起這種樂見被統戰的遊戲，心口兩張皮，說到底不外借此從中圖名牟利獲權，最終只能進一步惡化社會中的犬儒和虛偽的氛圍，敗壞道德文化。

更何況，那些大多數注定是無法參與或不願參與分享這種好處的精英人士中的許多人對現行體制的反感和厭惡只會因此強化。到頭來，這種想靠向體制注入新的精英來減少社會對抗，增加社會和諧要素的企圖難免要落空。

新舊統戰

眾所周知，武裝鬥爭，統一戰線，黨的建設是由毛在三十年代末歸納的所謂中共領導的革命的三大法寶。其中，作為取自蘇俄的思想，與傳統的合縱謀略、現實的經驗總結混雜形成的統戰，其關鍵只在服務於奪權之「戰」，其有效性也恰因用於「戰」。戰之不存，統戰之用便消。

除中共建政之初起到過些安撫舊時代的精英，鞏固政權之效外，改革開放前相當一段時期，統戰實可有可無：一個高度集權的政體，所有政治力量和個人都必須臣服於中共及其領袖的絕對領導之下，社會高度一統，統戰便不具任何實際意義。作為某種延續，

毛只將其運用到國際事務上。

改革開放後統戰的再活躍，其實恰恰就是與社會分化、各階層的日漸獨立相連的，中共需要借此聯絡各界，進行社會整合，統戰便再具實際運作的意義。但事實上，這類新統戰已不再具有老統戰的含義，很難說具有明確指向的敵手，它更近一種現代意義上的外聯工作，涉及內外，服務於改革開放和國家統一目標。

新毛主義的執政趨向

但此次再提統戰，背景卻有些不同。一方面自然是以往統戰的繼續，但另一方面卻有某種新的內涵：為保衛政權而統戰。歷史辯證輪迴，用於奪取政權的工具走到服務保衛政權的階段。有利中共永續執政者都將是統戰對象，強調對青年精英的統戰意便在此。這大概會是今後一段統戰工作的一個指導思想。

自習主政，我們已經觀察到一些列毛式的語言和思想的回潮，一系列打通毛鄧，毛鄧兼用的施政取向。一方面強調繼續改革，這體現在三中和四中全會所推出的有關經濟和司法改革措施。但另一方面，從某個角度觀察，習正循著毛的「三大法寶」進行某種新毛式執政試驗：「反腐」「群眾路線」「焦裕祿精神」等屬於黨建；「整軍強軍」和經濟的發展可類比為今日的「武裝鬥爭」；而再拾「統一戰線」，也就不讓人感到意外。

只是，筆者多次強調，儘管在堅持黨的領導上具有一致性，毛鄧路線的各自指向實是不同的，糾正鄧路線的缺失只能靠深化改革，徹底改革；現代的問題只能靠現代的解決方式。解決能源問題

不能靠重回點油燈、駕馬車。迷信老套數，指望在群眾路線，統戰等酒瓶中裝些新酒來治療些根本是全新的病症，終是藥不對症且只會延誤療機的。前一段「走群眾路線」高調宣傳焦裕祿，迄今的結果是有目共睹；而與此次統戰新精英政策異曲同工的江時代的「三個代表」，雖曾有助於擴大中共執政基層，但依舊無法解決其合法性危機，也是另一例證。

再來說今日中國的新聞，除了這類中央統戰會議等上層官方動向外，最近一個特點就是引發大規模關注的社會新聞層出不窮：從年初的柴靜穹片（註1），到區伯嫖娼案（註2），再到畢福劍戲評毛（註3），慶安徐純合被射殺的槍聲（註4），2015年以來幾乎每月一件。歷史有加速的態勢。

這些事件或屬偶然，而能成為事件卻皆有其成為事件的必然；涉及發展模式的選擇，公民權利的維護，官權的約束限定，歷史的評價等一系列中國最重大亟待處理的問題。迄今為止，官方在回應這些事件上要麼迴避，要麼處理手段陳舊，蠻橫，自相矛盾，結果都是進一步侵蝕了官方的合法性。在此背景下來看此次統戰會議，不免讓人感嘆，旨在維繫政權，中共不斷尋找新的手段，但官方與社會的脈動卻已然相隔甚遠，日漸疏離。這豈能又是這些新手段所能解決的？

註1：柴靜，大陸著名女記者、電視主持人。曾著有自傳體暢銷書《看見》。報導以調查批判為主。自費製作有關環境問題的調查電視片「穹頂之下」，2015年春播出後，數天內幾億人觀看，引發熱烈討論，後該片被禁。

註2：區伯，本名區少坤，原為廣州一農貿市場管理員。因自發監督公車私用而聞名。2015年3月因赴湖南參與監督公車私用，被湖南警方設陷以嫖娼拘押，後因社會輿論的反彈而被釋放。

註3：畢福劍，大陸中央電視台著名綜藝節目「星光大道」主持人，記者。2015年4月因其在一個私人酒局上用一段京劇戲曲戲評毛澤東功過的視頻流出，引發巨大爭議。因該視頻中畢唱到毛「把我們害慘了」，與官方說法不符，畢被迫辭職，退出央視。

註4：2015年5月2日，黑龍江人徐純合與家人在慶安火車站準備上車，因與警察發生爭執，被警方開槍擊斃。此事引發網民就警方是否濫用權力的大規模爭論。

柴靜的熱鬧、
兩會的荒唐與中共的危殆

———————————————————————————————— BBC 2015年3月16日

　　兩會召開，這中國特有的政治例會，與往年相比，沒任何特別引人之處，但召開前後的幾個事件，倒給今年的兩會塗上些特殊的色彩，顯出龐然大物的中國的種種弔詭，暗示著其未來的某些走向。

柴靜不「靜」

　　會議召開前幾天，柴靜這位以「靜」為名的原央視記者，用她花了一年時間自費製作的有關環保的小片，鬧出個世界範圍也少見的大熱鬧：兩三天內，幾億人熱議，批評、讚揚、辱罵，各成陣壘；爾後，官方一道令下，片子被禁，一切又歸沉靜。

　　還沒等認為此片是幫助維穩的一方的網民就有關此片出台的背景、動機做進一步的調查和論證，官方已經用其行動來給柴靜「平反」：柴靜的片子對穩定、對黨國不利。

　　在筆者看來，此片造成的現象的意涵之深刻，不體現在那些讚揚上，因提倡保護環境，這在許多國家都很正常，而恰恰是表現在其引發的種種批評上。一些對柴靜的批評來自這些批評者對國家現政權採取的一種整體、極權主義的視角，而忽略了權力集團和機制內部的不同派系、部門以及許多具體官員對這樣一個片子上所可能

具有的不同態度。這是該片能出台且得到某種支持，最終又被禁止的複雜原因。而在當下，引發如此大規模的公眾議論絕對是政治性的，已經超出治污的「正能量」文宣能允許的尺度；更麻煩的是，片子在官方某些人看來，會構成對「中國模式」成就的一個間接的批貶且易引發社會抗議。禁就成為必然。

「穹頂」一片具有較強的中產階級文化特色，它的出現，在某種意義上講，是改革開放三十多年形成的中產階級參與意識的一個宣言式的展現。而那些批評甚至是圍剿之所以如此強烈，反映出中國社會的分化，共識的喪失，價值的破碎。穹頂之下，同呼吸卻並不常共命運，在這個「同呼吸，共（霧霾）命運」問題上意見相左就成必然。從國家主義的角度看，有的人士會討厭柴片宣傳公民社會、市場、新聞監督、法治等價值；出自極端民族主義的立場，有人反感、憤怒柴片將西方視為治污的範式和參照；浸於民粹主義的情緒，一些人在柴本人身上宣洩對這時代一切成功人士的憎恨；在受打壓的某些民主派人士看來，柴沒有對污染的制度原因做更直接的揭露，對權力曖昧，且因受到某些官方媒體的支持而在道義上可疑；對利益集團，柴片傷及其利益，自然該遭到各種絞殺……

官方可以再一次得意其力量：靠一道命令遏制住一個涉及民族命運和各方利益的廣泛的討論，但顯然，所有柴片本身以及圍繞柴片所展示的各種問題卻絕無法通過一道禁令而消失，它們繼續在那裡發酵、演變，無聲地型塑著國家的未來，也決定著這靠禁令來限制討論的權力的可能命運。

兩會的荒唐

其實，如要更好地應對這種社會分化的狀況，除應給各種不同意見以表達的空間和渠道外，最重要的恰恰是亟需設立社會利益的表達和代表機制，讓其成為真正的不同社會利益的代表，通過協商、辯難、民主程序就些重大課題達成某種國家共識，促成有民意基礎的國家政策的形成並監督相關國家機構加以落實。兩會這種機制，原則上應起到這種作用。

而遺憾的是，本應是國家最重要、最嚴肅的會議卻因體制的原因成為某種荒唐、可笑、滑稽的集體表演。代表怎樣當上的代表，如何代表，不去代表或不敢代表，……都是一筆責任不清的糊塗賬。有些代表裝模作樣，小心翼翼地在黨的精神劃定的限制下提些無傷大雅、模稜兩可的提議，雖不能說對社會無益，卻很難說有助於什麼根本問題的解決。

因賞賜而得的榮譽頭銜，代表們既不必對選民負責也可以不對國家負責。更有甚者，一些達官顯貴把兩會變成個人不知羞慚的表演、撈取合法資源的舞台，變成為個人或集團謀取聲名利益，進行公關辯護的手段。這種趨向近些年尤其明顯。領導們的國事報告永遠是高票通過，其施政無人問責。

人們對兩會冷漠，因知道不能有任何不切實際的指望；人們又被迫關心，蓋因這又是人們借此猜測、捕捉中國政策和人事變動的僅有的窗口。

從官方媒體（「2015年兩會女神精選：李小琳幹練周濤宋祖英大氣」見「中國網」……）到大眾網絡（「他們能證明：這是有

史以來最嚴肅的一屆大會」，微信、網絡上廣泛流傳的一組諷刺照片，……），兩會越來越成為某種好萊塢式趣聞、飯後茶餘大眾笑料的來源。年年會議期間，一些不學無術、邏輯不清、欠缺常識、被利益官位沖昏了頭腦的委員代表和官員們發出的各種「雷人雷語」，完全脫離民眾的感受，其荒誕、愚蠻、傲慢，超出想像，令人瞠目。

在許多國家，議會最重要的功能在於審核國家預算，把住納稅人所付出的稅款的流向。本屆會議傳出的一個新聞就是某代表透露國家預算1500頁，進場才拿到，15分鐘後表決！再沒有什麼比這個細節更讓人明瞭花瓶兩會的無聊和荒謬。這一切導致兩會不僅沒有很好地起到溝通國家與社會的作用，政權的合法性赤字伴著各種危機而日積月累。

中共的存亡

兩會期間，一篇3月6日刊在美國《華爾街日報》上有關中共政權已開始其潰亡進程的文章在網絡上流傳。這篇文章雖不如柴靜片子傳播那樣廣泛，但在中國精英層引起的反應及後續影響卻不容忽視。其實，這篇由美國著名中國問題專家沈大偉（David Shambaugh）撰寫的文章所引用的依據，多是被人們所熟知的。但由這樣一位中國官方眼裡對華的「溫和派」，長期遊走中美之間中方的座上賓來說出這番話，對某些人造成的震動可想而知。

如果說圍繞柴靜片子出現的種種顯示著發展的危機，社會的分化、不滿和躁動，那麼沈大偉的文章則顯示外界對中國的看法也

在發生著某種重大變化。中共股的預期價值看貶。從此，不管官方如何以強制的手段消除柴片和沈文在國內網絡上的流傳，但它們提出的問題相信已深深地嵌入人們的腦海。有關中國未來的一個關鍵性問題：「中共的存亡」已經破題，且將會隨著各種有關危機、反腐、改革的進退等問題的討論而不斷地被人們記起，成為一種思考的變量和設想中可能的劇情。

反腐與國家改造

柴片、兩會、沈文，三者看上去內容似沒什麼特別的連帶，事實上卻是有其內在的因果。某種意義上講，恰是兩會的荒唐以及人們對其的冷漠，造成柴片的熱鬧，沈文論證的基礎。國家政治改造上的闕如，顯然，是這些問題的癥結。

沈大偉在文中認為，作為中共的掌門習近平在許多方面的施政舉措事實上已經失敗。不過，我們這裡還是想提及的是：習的反腐還是贏得了相當的民心，尤其是中下層的某些支持，也成為其鞏固權力的最重要的利器。但這種反腐的效應在快速遞減；指向也主要是針對過去，做的是打掃房間的工作；贏得的讚賞從社會心理角度看，帶有某種解氣宣洩的成分。而在如何面對未來上，贏得讚賞的舉措乏善可陳；依法治國、經濟領域的改革等方面「雷聲大雨點小」基本停滯甚至有倒退的跡象。且不講幾年來濫抓維權人士，就是此次兩會期間，竟也還抓了三八婦女節抗議對女性騷擾的幾位女權主義者！

毫無疑問，只有在平反過去國家造成的重大冤假錯案、恢復社

會正義上有所作為，在面對國家未來的政策和制度改造上有新的重大進展，不是那種誰也做不明白的「中國夢」，現政權的合法性危機和社會矛盾才能有望緩解。而恰在這方面，人們卻看不到什麼令人鼓舞的跡象。相反，一種文革式的氛圍卻在蔓延，在令人窒息的空氣霧霾外，又給人加上一層沉重的心理、精神上的霧霾。中國人在各種霧霾中困惑、焦慮地眺望著未來。

更大的災難終將到來！還是，可以消弭和避免？也許，中共的命運、霧霾及其它重大問題能否很好地解決，在某種程度上取決於兩會的種種荒唐能否消除。2015年的春天，柴靜的片子、乏味的兩會、沈大偉的文章，都在引發著人們的思考。

什麼會是中國的「新常態」？

動向, n°352, 2014年12月號

最近國內的一個流行詞就是「新常態」。這個詞首先由國際經濟、金融界提出，用來探討世界經濟在零八年危機後的走向：能否再次回擺，恢復到危機前的狀況，重新找回經濟增長的勢頭；是否就此進入一種與以往不同的增長和消費模式、新的階段，等等。中國的經濟學界和官方所使用的含義與此類似，但有特指，指中國就此脫離以往三十年的高速增長，進入一個經濟增長相對緩慢的時期。習近平自今夏以來幾次在講話中提及此種說法，此後被官方媒體和一些學界更多採用。

官方的新說辭

在官方的正式說法及接近官方的一些學者的討論中，新常態不僅包括經濟從「高速增長轉變為中速」，也包括，「經濟結構不斷優化升級，第三產業消費需求逐步成為主體，城鄉區域差距逐步縮小，居民收入占比上升，發展成果惠及更廣大民眾。生產要素驅動、投資驅動轉向創新驅動」等內容。像以往談論任何問題時慣用的表述一樣，在談及這種新常態蘊含的危機因素的同時，更多地強調這是某種機遇，有利於中國經濟的結構調整，政府管理的轉型。

不能說這種說法完全沒有道理，但事實上，出現這種趨勢和結局只是事情演變的 種可能，而就此不斷出現各種經濟疲軟，持

續下行，危機不斷，結構未得調整，增長卻乏力的局面也絕不能排除，且現在看來還有很大的可能。最近央行突然降息，一反官方五次三番地強調穩定貨幣供給的宣示，從一個側面給了這種有關經濟新常態的官方說辭嚴重一擊。

危機常態

2009年為遏制危機蔓延，中國官方曾出台飲鴆止渴式的四萬億重振計劃，儘管取得一些效果，但結構失調、產業升級等深層問題卻因此更加嚴重，積重難返，因此這兩年批評檢討聲不斷。官方也汲取教訓，堅稱絕不冒然干預市場，隨意增加貨幣供應量，即使是在去夏發生嚴重的「錢荒」、老闆跑路、跳樓新聞不絕於耳之時央行也拒不出手相救，雖然損失不小，但卻增加了人們對中央穩定貨幣政策的某種信任。

但現在卻突然降息，表明這種政策面臨不得已的困局。市場融資發生嚴重困難，尤其是支撐經濟增長的支柱之一房地產業面臨嚴冬，須擴大貸款，維持局面，否則即使今年勉強達到預期的增長7.5%，明年開局卻將面臨更嚴重的經濟下行壓力，到年底或許搞不好會跌至6%以下，造成連鎖反應，釀成社會政治危機。因此，改變扭曲的經濟結構，慢慢斬落房地產這把懸在頭頂的達摩克利斯利劍等戰略目標，現在也暫時顧不上了，先穩住格局再說，哪怕是再來個小規模的飲鴆止渴也在所不惜。由此我們可看出，官方所說的經濟新常態並不像他們所稱得那麼穩定，過度得那麼平和；「新常態」是一種危機四伏，時時需要小心以待，弄不好就要出大危機的

常態，一種危機常態。

在筆者看來，這種危機常態，因中國的特殊政情和歷史影響，絕不會僅限於經濟領域，也將是整個中國社會與政治的一種新常態。自八九年六四鎮壓以來，中共應對合法危機的最主要的做法就是依靠經濟發展，一切以經濟為優先，經濟就是最大的政治，經濟與政治高度重合。是靠經濟的發展，維繫了社會的暫時穩定。但近年來，尤其是零八年世界經濟危機發生以及奧運效果褪減後，中國經濟的下行壓力急劇增大，長期積壓的社會矛盾也日益尖銳，進入爆發期。由於缺乏有效的制度分化和各種代議制，政治合法性弱化，使得這種經濟危機下的社會不滿直接傳導成某種政治壓力。官方一方面依靠維穩體制壓制社會的憤怒，另一方面繼續指望經濟增長來擴大資源量，提供機會給社會，平抑和沖淡社會的不滿。隨經濟下行，經濟高峰增長期的過去，資源機會的減少，但同時，官員卻因有維穩體制的伴護，對民間巧取豪奪，腐敗越演越烈，病入膏肓。如此一減一加，社會總體能分得的資源相對更少，社會不滿日增。

在不確定中等待新的突破性轉折

為應對這種局面，中共一方面是靠打虎反腐來試圖重建一些合法性，另一方面，試圖靠釋放改革紅利來繼續維繫增長，安撫民心。但這兩種方法卻都因面臨一些體制和現實的瓶頸而無法一時從根本上扭轉局面。尚且不說經濟結構調整本身就需要較長的週期，就三中全會推出全面經改的一年多的實踐來看，迄今並未有明顯的

效果，起到挽救經濟頹勢，適當調整結構的功效。此外，強力反腐對官員們造成的壓力的效果也在遞減，官員觀望，不作為，經濟增長缺乏某種推動力。中產階級這另一享受到過去一段增長期好處的階層也因房價下跌、環境、教育、資訊受限等日益不滿。中共因擔心權力受到威脅，加大新聞和資訊的控制，延續維穩體制，繼續打壓維權運動，大肆抓人封號，甚至啟動毛時代、文革期的一些說法做法來應對。這些都不僅沒有緩和危機，反過來破滅了社會的期望，強化了危機與不滿。

此外，作為中共政權支柱之一的軍隊，因高層腐敗案的陸續曝光以及勢必因此造成的系統清洗，也引發其內部許多外人難以窺見但可以想像到的波動不安，甚至醞釀某種險惡的殺機。因北京愚蠢蠻橫、不兌現港人治港、民主化進程的承諾，香港占中運動爆發，從此這東方之珠進入動盪不定、前途不明的狀態。台灣因「九合一」選舉國民黨的大敗引發的種種政治後果，注定為兩岸關係投下新的變數。外交上，儘管攜中國這些年積累的經濟實力，值西方尤其是歐洲面臨危機期，中國的外交試圖有所作為，擺脫與周邊國家尤其是日本的矛盾僵局，佔據主動，雖取得某些表面上的進展，但事實上外交上面臨的結構性的深層危機因素都在，沒有絲毫得到緩解，且在未來某種程度上還可能加深。朝鮮問題也隨時可能面臨突發性的變化，引發東北亞乃至對中關係上的諸種難測的後果。

總的看來，從經濟、社會到政治、外交，中國全面進入一種危機不斷，充滿不確定性的階段，未來一段中國真正的新常態很可能就是這種危機常態，要麼因具有真正力度、方向正確的改革出台得到某種程度的緩解；要麼繼續惡化下去，形成併發症最終誘發更大

的全面性的危機。由於官方的拒斥，在中國各種社會利益協調和意見表達機制一直缺失，無法有效應對這種危機「新常態」。可以預見的是，今後一段，中共會使用其慣用的陳舊的思想統一，壓制和打壓維權和異議人士的做法來應對，但從長遠看，這卻是不能根本解決問題且只能加劇危機的做法。中國的社會也會對其以各種方式進行頑強的抵抗，各種政治和社會力量在這種壓制和抗爭中重組，直到一種新的突破性的轉折出現。

習近平的悲劇執政？
——從文藝座談會說起

動向, n°351, 2014年11月號

10月15日，習近平召集了一次有關文藝問題的座談會，在習及其智囊的謀劃裡，這或許應該是一次習在文藝領域樹立權威和影響的重要會議，但結果卻演變成為一場災難性的公關危機，成為習近平執政以來最大的敗筆。造成這種結果的原因是多重的，如邀周小平、花千芳、范曾等這類臭名遠揚者與會，一些參會者事後令人作嘔的吹捧等，都增加了人們對座談會普遍的反感。更重要的原因是，習近平所採取的這種毛式文藝座談會形式的政治運作所勾起的人們對毛時代的記憶，強化了對當下毛式政治某種形式的回歸的反感。從這次座談會的組織以及人們的反應來看，習近平執政開始面臨新的危機。

習面臨的新危機

這種危機不是來自內部的權力鬥爭，這方面當然還在繼續，但應該不是其主要威脅。是使其執政的一些操作和論述，脫離社會的期望，與社會的感受有相當大的疏離，有悖於一些正常的判斷和感覺，這才是習執政面臨的最大風險。這種狀況的形成，既有體制原因，也可能有習及其智囊的行事風格和判斷問題。值得探討和關注的是：這場座談會所暴露的問題在今後一段時期得以更正的機率有

多大，是否還會繼續且成為其執政不穩的一些重要原因，由此最終消蝕掉他試圖建立起的權威，並進而引發更大的危機。這才是我們最關心的問題。

首先，由於缺乏勇氣和前瞻，利益集團的糾葛，保江山意識的作祟，一直不願在政治體制改革上邁出應有的步伐，中共面臨明顯的權力合法性和社會管治危機，缺乏更有效的制度和思想資源與技術來應對一個日漸複雜、多元的社會；官員大規模腐敗、利益衝突顯化、公民思想意識日漸覺醒等，也都逼迫官方不得不採取必要的措施來應對。為應對危機，官方習慣性地重拾毛時代的一些做法和提法，試圖以這種以毛補鄧的方式來削減和消除這些危機，重建一些領導人和政黨權威。

干預藝術的政治往往是壞政治

這種與時代相違的想法和手段，姑且不談其過去給中國造成的災難在人們心中留下的負面印記，就從其可能的效果的角度講，顯然也是無法應付今日與毛時代那些提法做法產生的背景全然不同的問題和現象。因此，人們不僅對重拾這些表示反感，同時內心也感到滑稽可笑。官吏們陽奉陰違，虛以委蛇，網上冷嘲熱諷，人們無動於衷，漠然對待，這一切都標誌著這些企圖是絕不可能達到其預期的效果的。最近王岐山的反腐講話，事實上已經承認即使在如此高壓反腐打擊下，許多官員照樣我行我素，腐敗照搞，只是以各種更隱祕的方式而已。習座談會的失敗，從這個角度看是注定的。人們如何在這樣一個多媒體、網絡、個體意識高度提升的時代還能接

受一個由政治領袖來決定文藝的創作風格、好壞的做法？藝術的本質是自由。顯然，這種陳舊的思維和做法，是既不可能讓藝術創作者滿意，也不會讓藝術欣賞者滿意的。筆者過去曾說過，藝術的本質需要自由；干涉政治的藝術不見得是壞藝術，但干涉藝術的政治則往往就是壞政治。

其次，從這次被人詬病的與會人選來看，這種體制運作上的痼疾再次暴露得一覽無遺。與會者相當一部分是屬於所謂的左派人士，且選擇網絡世界和藝術界名聲如此不堪的人物與會，只說明要麼是習及其智囊們對這些人情有獨鍾，要麼就是對這方面的情況毫無瞭解，這兩種可能問題都很大。至於傳言有人試圖以此綁架詆毀習總，也不能全然排除這種可能。但即使真如此，也說明習被各種官僚勢力包圍、左右。總之，不管如何，這種選擇都是以現行制度作為依托進行的，是官員們察言觀色根據政治風向、領導的偏好而完成的，是現行制度運作的產物。這種制度的信息常常被層層篩選，造成信息扭曲，在這種制度下，也常因領導人好惡獨斷缺乏有效的反饋機制，而可能帶來負面甚至是災難性的政治後果。這在此事上再一次得以暴露。

從制度的運作角度做一政治學、社會學的觀察，上述這類現象是這種體制的必然產物，只要這種體制不改變信息來源、領導人和官僚選拔運作機制，這類現象就很難避免。就此現象，筆者以往已多次提及。幾年前當劉曉波先生獲諾貝爾和平獎時，筆者在受邀為BBC等媒體撰寫的相關評論中就曾就此做過分析，派外交部副部長傅瑩前往諾貝爾和平委員會施壓，其結果就等於逼迫其委員會必須授獎給劉先生，否則諾貝爾和平獎委員會在世界上將不會再有

任何信度。不明白這個道理的外交官是不夠格；明白而不向上級說明，不僅是領導不明，更是體制痼疾所決定。這次會議，又提供一例證。

個人的強勢風格與體制的嫁接互動

最後，習近平個人的強勢風格與這種體制的嫁接，就更易產生這類問題。鄧後所謂的集體領導體制，因派系和觀點的不同，有些問題不會輕易出格，必須考慮各方反應，這有助於一種謹慎的決策，壞處是可能議而不決，累積問題，釀成危機。習上台後，試圖通過集權強化其個人和中央權威。但因其缺乏足夠的合法性資源，只好通過打虎反腐等方式來震攝對手並借用一些傳統的樹立形象的方式等來強化權威。由於中國缺乏合理的憲政權力架構安排，這種帶有很強個人色彩的權力運作和集中，在現有體制的嫁接下，如領導人一人獨大，過於自信，信息來源扭曲，幕僚圖利自保媚上，那領導人出現決策失誤就幾乎是難以避免。圍繞習的文藝座談會出現的種種已經給我們展示了這種前景。

或許，中國的困局在於，在現有制度架構下，弱勢領導，或可釀成危機；強勢領導，亦可造成災難。而一個現代國家所需要的既對強勢領導有所約束制衡，又能賦予國家合法領導人足夠的決策權威，官僚體制能有效運作，信息能多元暢通的這樣一種局面便始終闕如。顯然。這是由於中國的體制結構設計的內在缺陷所決定的。又由於權力繼承已經到第三代，傳統合法性資源已大幅消耗，權力合法性來源不足，新領導人缺乏足夠的授權。面對新的危機，

習近平似乎像古希臘神話裡推動巨石上山的西西弗斯一樣，試圖以其強力扭轉其頹勢，再造中共政權和自身權力的合法性。但因其所借助的方法和依賴的結構中本身蘊含著造成這頹勢的機理，其自身或許就會成為巨石下滑的因素——從網上座談會後那種對其的失望情緒，我們或就可見一斑。打掉周永康換來的一些資源，一夕間就因關愛周小平、花千芳、范曾等消失殆盡。不斷地樹立權威，又不斷地失去；回應民意的速度措施跟不上社會期望的攀升，最終可能得者不償失者，即使一時暫緩巨石下滑，終難改巨石滾墜與自身權威的淪喪，成為某種悲劇性的執政風格；中國歷史或許也因此將再添悲劇。北京上演的這齣座談會，再次給出某種預兆。如不想成為悲劇人物，習就需徹底改弦更張，跳出巢臼，借社會之力，再造結構，徹底改變巨石下滑的機理。而他是否明白這個道理呢？是否還有這類座談會的事件，或許就是我們一個很好的觀察視角。

反腐、鞏固權力與改革

2013—2014

黨主法治的困境
──評四中全會

BBC 2014年10月27日

　　所有希望中國能夠和平發展、中國公民的權益能得到保障的人都不會不歡迎中共再次做出依法治國、建設法治國家的宣示；但所有具有基本的判斷力、對中國有稍許瞭解的人又都不會對這種宣示有什麼特別的信心，對中國建設法治國家的進程不抱什麼大的希望。四中全會閉幕後社會反映普遍冷漠，可能跟具體「決定」尚未公佈以及未對周永康案作出相應的裁決的失望有關，但更主要的，是人們對黨主法治下法治國家能否實現的深層懷疑。因為，在消除這種懷疑上，全會沒有帶來任何令人信服的信息。

　　這種懷疑的形成，有其歷史和現實的深刻根源，它是現政權合法性危機的一種表現，中共以往和此次提依法治國，建設法治國家的本意都在重建其執政合法性，但能否達到其目的，這種懷疑能否得到緩解或消除，顯然不僅是有關法治國家的設想能否實現也是關係中國未來的大問題。

黨大還是法大──老問題無新辭

　　受馬、列主義的專政意識形態影響，也因受喜歡「無法無天」的毛的思想和政治風格左右，中共執政以來長期忽略、踐踏法治，以權代法，造成諸多重大災難的歷史人所周知。改革開放後，因

文革的教訓和現代化建設的客觀需要，中共重提法律和法治，有
「八二憲法」的制定和「依法治國」國策的提出等重大舉措。同
時，市場經濟、入世、社會多元化等各種因素，也促使官方加速制
定了一些法律，乃至於有吳邦國於2010年宣示的所謂「社會主義法
律體系」的基本建成。

　　但與此同時，「法治國家」建設卻沒有得到實質性的進展，有
法不遵，有憲法無憲政，其後果就是連官方自己也都承認的法律權
威與公正的普遍缺失，滋生大規模與違法亂紀相連的貪污腐敗，濫
用權力，侵犯公民權益的現象；社會不滿加劇，官方反過來用維穩
應對，導致法治的破壞不彰，這在周永康主持政法的十年尤甚，中
國的法治國家建設幾近破產，乃有此次重申依法治國，建設法治國
家的必要。

　　問題是，除某些技術性的設想如「建立領導干涉審判檔案」、
「審判責任終生回溯制」等出台外，至少在公報中，看不到在「黨
大還是法大」這攸關法治國家建設最根本性的問題上有任何新的正
面回答，相反，甚至有倒退的跡象——全會赤裸直言：中國的法治
國家建設要以黨的領導為根本；「中國特色社會主義的最大特色、
最本質特徵就是黨的領導」。其自辯的理據仍是陳舊的「這是歷史
和人民的選擇」。且不說這種說法史實上是否成立，僅就邏輯上講，
就好像是說歷史和人民從此再不可有其他選擇，要從一而終。這樣
一個典型的王朝思維邏輯，在這宣示要建設法治國家、「法律權威
來自人民」的文獻裡再現，既讓人深省，也顯得很有些荒謬和滑稽。

　　現代法律的一個基本前提就是作為個體的公民以及作為公民集
合的人民的主體性；現代法治國家就是憲法至上的國家。將黨的領

導置於無上的地位，將其作為一個實現法治國家的根本條件，事實上就只能降低這種人民的主體性，阻礙法治權威的確定。無論那種繞口令式的「黨領導人民制定法律，黨又領導人民遵守法律」「黨的領導和人民利益、依法治國的統一」的中國特色的法治論述如何辯解，這種理論的邏輯混亂，強詞奪理都是顯見的，實踐上也從未得到過證明。正如我們經常批評中國一些部門制定的部門法規常不講道理，成為維護自身利益的擋箭牌一樣，沒有人民授權和監督的中共所主導的法律，從制定到實施也都很難讓人相信會對其自身構成有效的約束。

此次公報連過去常提的那句「黨要在法律範圍內活動」的官話都未提及，且一如以往無一言涉及如中共不遵守法律，與人民的利益發生衝突時又該當如何，這個既是理論，也是每日都在發生的現實問題：當官方根據政治需要，即使是按現行法律也是違法地，大肆抓捕審判各類維權人士、律師、意見領袖時，這些人，社會又有何種渠道能得以救濟，對其加以糾正？領導制定法律的是中共，但不領導制定法律或不執行法律，破壞法律的常也是中共。黨依法治國，誰來治黨？靠紀委和黨的領袖？誰又來治紀委和黨的領袖？他們具有超越法律的權力？此次公報提及「黨內法規」一說，如黨內紀律亦成「法規」，那國之法又何在？黨成國中之國？……這些問題如不得到很好的解答，中國的法治國家建設是不會具有希望的。

再說「民主與法制」——以香港和大陸為例

這些困局解決的根本在中國政治制度的改革，在憲政的逐步落

實。筆者多年來一向的看法就是：對這樣一個從極權體制脫胎而來
的一黨專政的共產國家來講，民主和法治建設必須互為因果，須平
衡同步才能具有成效。因為，沒有民主作為政治層面的保障，所謂
法制或法治就可能淪為一種威權式的精緻管治工具。好的情況下，
公民也只會得到部分權益，無法得到真正的完整的法律保障，更可
能出現的是徒有法治其表，而無法治之實，甚至出現法治的破壞和
倒退。

文革後，因切身的教訓，「民主與法制」（後加「法治」）曾
作為不可分割的兩個任務被正式提出，但因民主的建設一直止步不
前，所謂的法治建設單邊獨進，黨權未得約束，法治國家迄今也就
流於紙面，依然闕如。

其原因在於，在一個整體的權力系統中，公民權利的增量是以
政治權力的減量為前提的。政治權力沒有得到有效約束和規範，法
律權威就很難能真正得以確立。與台灣、南韓轉型前多少有些約束
力量、司法有相對的獨立性的威權體制的狀況不同，這種極權國家
黨對權力的絕對壟斷，造成即便是非政治性領域的法治權威也難以
輕易確立。當下這種大規模惡性腐敗與侵害公民權益的現象是與黨
權的壟斷高度相關的。重慶模式（註1）對法治的踐踏令人髮指，但
轉過頭，其始作俑者薄、王受到的審判也很難說符合法律正義。

此外，現時的香港也從另一角度給我們提供了一個例證。回歸
前香港有法治無完整的民主，但由於英國本身是一民主國家，以保
障公民基本權益為目的的法治在香港還是能得到基本的保證。回歸
後鑒於北京政權的性質，對香港法治的侵蝕就難以避免，香港人的
持續抗爭包括爭取普選的一個深層動因就是在希望以民主的權力作

為堤壩來抵禦這種侵蝕，維繫受到威脅的法治社會。

　　至於中共青睞模仿的新加坡，且不說英國人留下的法治傳統、政治制度和社會的基礎的不同，就是按地理和人口條件講，一個總理一天能跑幾趟全境的城邦國家，其管理的層級簡單和由此可能帶來的透明顯然不是一個中國這樣一個巨國所能類比的。指望移植新加坡模式來建設中國的法治國家注定是要橘逾淮而枳，不得結果的。

維穩與維權——公民的奮鬥

　　「狼來了」喊多了，人們的信任就遞減，這是規律。此次四中全會強調的依法治國、依憲治國、黨要守法等，以往也早已以各種方式多次宣示過，我們無任何理由相信此次就一定成真。其實，中共如真要樹立法治權威，收「南門立木」之效，黨的領導不是關鍵，黨的「不領導」才是關鍵。取消政法委，按法律辦事，平反冤假錯案，保證律師的正常執業權利，開放新聞監督，允許社會和其他政治力量制衡，甚至不抓人，少刪貼都比搞一個洋洋灑灑的公報更能令人信服。

　　建設一個真正的法治國家是中國人的理想，民族的希望。法治國家的根本不在約束規範公民，治民，而在約束規範執政者。只要所謂「黨的領導」依然是中國法治建設的金科玉律，中國的法治建設就很難取得突破，利益集團就會依托維穩體制以各種方式侵犯公民權益，與公民的維權發生衝突。

　　中國法治國家建設的真正希望在中國公民維權運動的深化發

展。它是一場社會運動，公民借此去構建公民主體的公民社會；也是一種文化運動，公民因此強化公民意識，培育公民文化；它同時也是政治運動，社會要借此重新構築與國家的關係，參與國家的再造，落實與修改憲法，實現法治國家。從這個角度講，且不管官方如何宣示，其是否打壓維權運動可作為我們測量其對待法治國家建設真實立場的一個最簡單的標準。

註1：重慶模式是人們對薄熙來主政重慶期間所推行的一系列政策的一種概括。經濟政策上具有明顯的民粹色彩，傾向社會福利；政治和文化上搞「唱紅打黑」，即宣唱中共傳統革命歌曲，借此強調中共政權的合法性，用打擊所謂的黑社會為名，沒收私人企業的財產，壓制社會不同意見，其手段常常不符法律，根據政治需要任意進行人身迫害。這模式在運作高峰期就不斷受到人們的質疑，薄熙來2012年失勢後，該模式受到更多的批判。不過也有某些重慶的民眾對此表示歡迎，更有些毛派人士對此大加推崇。

從天安門到占中
——歷史的輪迴與中國的新生

························· 動向, n°350, 2014年10月號

醞釀一年多的香港占中運動終於因人大常委會特首選舉方案的「落閘」而不可避免地發生了。其實，包括占中理念的推出者，所有希望中國、香港能保持和平繁榮自由的人們，內心裡都不希望這場運動能真正發生，期望即使不能達成真正民主普選的目標，選舉方案至少也能讓人有些許的希望，但這一切都在人大常委會宣佈方案那一刻徹底落空。當議會大堂裡不再有討論的空間，社會意見表達走向街頭就勢所必然，這是規律。香港，走到一個歷史的轉折點，而中國，或許也將開始一個新的時代。

天安門與占中：以抗爭爭取自由和以抗爭捍衛自由

占中一起，整個世界有關天安門運動的記憶都被喚醒。確實，那訴求、場景、氛圍、行動方式、參與者等，自然讓人在兩者間產生何曾相似的印象。最重要的，是博弈衝突雙方邏輯的逆反，其背後所展現的兩種不同的文化、政治理念的衝突與八九期間所表現的毫無二致。從這一點講，二十五年過去，中國的經濟發展到新的台階，但北京政權的政治理念和運作方式依然停留在那個時期，這讓人感到悲哀，更讓人為中國的未來感到擔憂：因為，這種理念和治國手段上的陳舊，不僅是香港問題的根源，中國當下種種矛盾衝突

的緣由，更可能會成為未來中國爆發更大災難的肇因。解決這種陳舊狀況已刻不容緩，它關係香港，關係中國甚至關係執政集團自身的命運。占中怎樣落幕，或許可以給我們傳遞一個這種陳舊的狀況能否得到恰當解決、中國的未來轉型能否順利的非常重要的信息。

但如果真正想更透徹地理解香港占中的產生，就可能需要對天安門運動和占中兩者間的不同有所瞭解。儘管兩者表現上都體現為爭取民主，但在筆者看來卻有相當的不同。前者是想通過抗爭來贏得一些從未有過的權利，後者則是希望通過爭取來維護捍衛一些既有的東西：獨立的司法和行政體系、新聞、結社和宗教上的自由等等。在八九天安門運動，爭取民主和自由是相連的、混一的，是在一個從無所不在、無所不控制的極權體制向開放體制初步轉型的背景下發生。從這個意義上說，儘管被鎮壓，但事實上還是取得相當大的成果：中國經濟的進一步自由化，對外開放的加大，公民個人生活空間的擴展等都與八九運動的爭取和犧牲有直接的關聯。也是從這個角度看，我們才能理解經過鎮壓後的北京政權為何能生存至今的緣由：它事實上是不得不回應了天安門運動訴求的一部分。

不過也正因為這種回應是局部的，常常是非正式化缺乏制度保證的，特別是局限在經濟和社會的局部領域，缺乏整體配套的改革，造成後來諸多問題，中國今日才需要以政治制度的改革來全面落實八九運動的訴求，以期讓爭得的某些局部自由不被扭曲，公民的權益得到保障，獲得完整的權利；同時，政權也才能真正得到更新再造。這裡順便提一句，也是因為這種自由支配的空間相對擴展的同時沒有伴隨相應的政治制度改革，管理體制的現代化，才有八九鎮壓後大規模腐敗的產生：局部的社會、經濟自由空間，被高

度壟斷權力的精英大肆濫用，是在這種背景下，中國這種惡質腐敗不可避免地產生了。

相反，在香港，導致占中發生的邏輯和社會心理是，由於大陸的政治和經濟權力全面侵入，香港舊有的世界一步步崩塌，人們熟悉的那個除選舉權部分欠缺之外所有現代權利都具有的文明社會漸漸消失。人們明白，如果不能爭取到政治權利，所有曾具有的最終都將消失。當年中共接管上海後的命運會再一次降臨到香港頭上：在有限地享有原有的權利過程中，慢慢地像一個被溫水煮掉的青蛙，死去。儘管港英當局統治之時，人們的民主權利也並沒有得到很好地實現，但鑒於英國的制度和傳統，基本自由方面是得到保證的。但對中共這樣一個政體，如果政治權利得不到保證，其他的權利終將喪失。港人爭取特首普選權的根本原因就在於希望用政治的某種自主來作為堤壩，阻擋住中共的全面侵蝕。

九七回歸前，各方朋友就此徵詢筆者的看法時筆者曾預言：當下和今後一段時間對香港絕對不需顧慮，但長遠看，又一定會有問題，除非中國的體制有所變化，因為那是由北京政權的性質所決定的。中共在工具性地利用了舊日的上海和今日的香港後，因極權制度權力的本質所決定的內在衝動，不可避免要將其吞噬。今天，筆者絲毫不為自己的先見之明感到得意，感受到的更是一種深深的悲哀。相信對許多有四九年後從滬來港經歷的港人或是他們的後代來講，有與筆者這種同樣的預感的人恐怕也定不在少數。歷史，不僅從二十五年前的天安門到中環在輪迴，也在從一九四九到二零一四的上海和香港間輪迴。一齣悲劇的雙城記！

香港與中國的再生：一個新時代的開始

　　歷史的輪迴源於公民主權的喪失，而掙脫輪迴就必須爭得公民決定自身命運的權利。正如當初天安門悲劇警醒了港人，從此開始為香港乃至整個中國的民主而奮鬥，香港今日的命運其實未嘗不對大陸人也具有啟示：中國人得到的某些經濟和社會上的局部自由，遠遠無法與港人所具有的已經制度化的權利相比，且無制度性的確切保障──連付出極其昂貴、艱難的代價所購買的房屋，這種最基本的生活品，因不具土地所有權，事實上只具有部分的永久所有權，遑論其他！即使如此，香港人的自由都在喪失，中國人又怎能相信自己具有的些許自由會得到永續？只要中國的政治制度不發生根本的改變，這些都可能喪失，文革也有可能會捲土重來。社會科學院長那種中共的意識形態（**註1**），高官不都在開始重談階級鬥爭了嗎？那種小市民式的事不關己，高高掛起，對公共事務缺乏興趣，對中國的維權和民主事業懷疑冷漠的態度和行止，終將會讓人吞食惡果，也定將不利於民族的進步。中國人只有不斷地去捍衛和爭取自己的經濟、社會、文化和政治各方面的權利，尤其是政治權利，將「權力關進（公民監督）的籠子」，公民自身才能得到安全，其福祉才能得以保護。

　　換句話講，不能滿足因天安門的犧牲所換來的局部不清晰的自由，更應積極進取，爭取八九運動的訴求的全面實現，用自由的擴大來鋪墊政治的民主，用政治的民主來獲取和保障自由，這是中國這種極權國家轉型所不能迴避的邏輯。爭取自由和民主必須是一體的過程，合則，就很難避免出現我們事實上已經見到的大規模惡

性腐敗，得到的局部自由也就很可能非常脆弱和虛假，時時可能喪失。對極權國家的轉型來講，只要不實現權力的民主，公民不可能得到真正意義上的自由。

香港的占中不僅僅是香港一地之事，這個與中國近代歷史開端相連的城市所發生的一切一直就與中國現代的命運息息相關。因此，不管占中運動的結局如何，事實上它已經為整個中國的一個新的時代拉開序幕。這將是一個充滿不確定性、結局尚不清晰可期的時代，但其中，爭取公民的權利，將是最宏大的主旋律。中國的公民將以各種方式展現其力量，正如香港運動中所表現的，一代新的不懼權威、具有強烈的自我意識的年輕人也將躍上歷史舞台，衝擊與這種意識不相匹配的制度和意識。社會利益和意見的分化也將逼迫這個民族去尋找一種能夠包容各種利益和意見的制度。

行文結尾之時，傳來北韓除金正恩之外的幾位重要領導人突然造訪南韓，試圖改善南北關係的新聞，事件不斷的朝鮮半島也將發生巨變？近代以降，一個東南的香港，一個東北的朝鮮半島，兩地的存續變化，都曾深刻地影響了中國的歷史進程。而這次又將如何？歷史沒有命定，常取決於歷史中行動者的作為、選擇，尤其在歷史的關鍵時期。為中華祈福。人自救，天救之。億萬國人的理性、善意和權利意識的覺醒和為權利的奮鬥，將是決定國運的根本。天祐中華！

註1：中國社會科學院，既是中國的最高人文社會科學研究機構，但在中共官方的定義裡也屬於黨和國家的研究智庫，具有國家意識形態、政策的研究和宣傳的功能。現任院長為王偉光（1950-）。2014年

王在中共機關刊物《求是》上再提「階級鬥爭是歷史的主線」，引發國內外高度關注。

中共意識形態的精神分裂

BBC 2014年9月30日

又談階級鬥爭，竟在宣示要再啟改革之際！中共意識形態上這些年表現出的種種「精神分裂」狀態，至此升級到一新的階段。

精神分裂，醫名Schizophrenia源自希臘，意為「心智的撕裂」，有遺傳和心理成因，常呈「幻覺、妄想和胡言亂語、有自毀和傷人，喪失社會功能的傾向」。當下中共的某些提法和做法上嚴重的邏輯混亂、言行不一、空洞蠻橫，前所未有，讓人感到詫異、震驚的同時，不免也要為中國的未來深感憂心。

如此混亂矛盾的意識形態，反映出中國政治的混沌、社會矛盾的加深，國家方向的迷失、以及執政集團因利益、制度慣性以及思想的局限在深刻的合法性危機面前所表現出的進退失據和內心焦慮。從一側面也折映出中國正處在一個巨變的十字路口。

精神分裂的意識形態

官方意識形態上的這種分裂，顯然不始於今日，但近來尤顯突出，其矛盾荒謬，令人瞠目。一邊大批民主、自由，一邊卻稱其為人類共同美好的追求，要將其納入所謂「社會主義核心價值」；不承認存在普世價值，卻自稱握有宇宙真理，馬克思主義可以普世適用；否定憲政，不許講「司法獨立」，又大談憲法重要和依法治國；號稱人民當家作主，卻不許講公民權利，須絕對服從黨的領

導。種種現實權益得不到保障，人們卻被邀去做各種語焉不詳遙遠的美夢。

要他人正視歷史，反對歷史虛無主義，卻禁提歷史上中共的錯誤，人為造成的大饑荒被輕描淡寫地說成是「探索中的錯誤」；前腳去孔子誕辰紀念上頌讚其思想的寶貴，「和諧社會」「和諧世界」的高調不絕於耳，後腳負責意識形態的高官就宣稱階級鬥爭依舊是國內外事務的主線。人們不免要問「以和為貴」的孔子思想與階級鬥爭理念何者為是，要以何者為從？中國代表哪種階級？要和世界上代表什麼階級的哪個國家展開鬥爭？

官方各種意識形態論述，常自說自話，與社會心態和期望漸行漸遠，無法給出關於中國當下和未來令人信服的解釋與說明，幾近破產，面臨前所未有的危機。

毛鄧江胡的大雜燴

對中國這樣一個未完全脫離極權體制窠臼的後極權體制來講，最高權力領袖同時須扮演真理的詮釋者、精神導師的雙重角色。其地位的穩固、合法性多寡強弱也與其在意識形態領域的影響力息息相關。從毛到鄧至習，這種雙重絕對領袖角色的趨勢逐步弱化，但依舊是政治現實。

維護體制穩定的需要，決定了每個新領導人表面上都會承續上任理論上的「偉大創建」，「重大發展」；但鞏固個人權力的邏輯又決定，每個人都會淡化前任的提法，凸顯自家思想的重要。其結果必然是造成意識形態領域的話語淤積，各種說辭相互抵消，衝

突，從內部不斷瓦解著官方宣傳的效果和主政者話語的權威性。看看現行憲法和中共黨章以及官方各種標準的意識形態宣示，我們就可以明白，那是一種大雜燴，混雜著各種語義含混、彼此矛盾、具不同時代背景的政治術語、理論成分。

這種大雜燴的形成，起於鄧。以「完整準確領會毛澤東思想」口號起家的鄧小平，事實上卻是以一種工具主義的方式取用毛的思想，去除毛的階級鬥爭、無產階級革命與專政、烏托邦理想、平均主義等帶來巨大災難的理念，代之以經濟至上、市場原則、改革開放等實用主義和局部自由化的威權主義意識形態。為中國的發展歷史性地起到過重要作用。不過這種大雜燴也有一共同的內核：一黨專政。它是許多論述的出發點和落腳點。

鄧式的實用主義意識形態闡述是在傳統馬列毛框架內「托古改制」地展開的，其賦予改革開放的解釋空間有其限度。當社會發生深刻的分化，鄧式改革模式內積聚的矛盾和發展出的新生力量衝擊著現有格局，召喚新的解釋框架和制度配置，鄧式意識形態的衰頹受到質疑就成必然。而公民主體意識和批判意識的覺醒，權威意識的弱化，也讓任何想以一種統一的思想整合社會意識的做法注定成為徒勞。說到底，中共意識形態的危機是由此而成。

習面對的意識形態困境

江、胡時期的意識形態，基本上是在鄧的框架內做大小不等的調整。待習上位，客觀形勢上的嚴峻和個人主觀的期許，都讓其不能再安於這種做法。中共體制不成文規矩，作為王儲時，不可有自

己的班底，更須深藏自己的意圖，上位初始，地位不穩，也不可輕易展示自己執政理念。但習一上任，便做出許多宣示，顯示出其不同前任的強勢風格和確定自己合法性地位的緊迫感。「習近平談治國理念」打破常規地提前出版，可謂這方面又一舉措。

無論中共宣傳部門如何吹捧，習的經歷顯示，他不是那種思想型的領袖，長項可能在強勢操作；其思想底色所受其成長時代的影響，也愈見明顯。此外，一些跡象也表明，其文膽智囊們似乎也缺乏足夠的理論素養和對中國、世界的現況和大勢明晰的認識。許多官方論述的出台給人以倉促粗糙，雜亂無章，隨意而為的印象，這一切都不可能不加重中共意識形態領域的混亂。

或出於寄望明君的慣性，或是源自希望轉型少受周折的良善願望，許多人對習寄予很大的期望，甚至願意去為他的言行做各種辯解。而習的某些改革言論和反腐親民上的作為，也讓持這種期望者感到欣慰。但不能否認，不管是出於政治需要還是其本意，習的一系列講話，都為當下這種左傾回流、階級鬥爭論調的出台做了鋪墊。「男兒論」，九號文件，批普世價值與憲政，走群眾路線，兩個三十年不能否認，到最近黨校副校長何毅亭有關要與「歪理邪說」進行鬥爭乃至王院長這番有關階級鬥爭宏論的出籠，意識形態領域一系列的變化都是有脈可尋，既是中共內部政治鬥爭、權威喪失的表現，也與習表現出的打通毛鄧、毛鄧兼用、毛鄧互補的企圖有關。

但顯然，正如我們已看到和將會看到的，這種企圖不僅無助於緩解中共意識形態上的困境，而反過來會加劇這方面的問題。因為，毛鄧意識形態指向不一，也都不再具有解釋二十一世紀中國和

世界的張力；文革和改革不可兼容。解決這種困境的途徑只能在超越造成這種困境的制度和思想框架。

意識形態的更新

當局或有兩種選擇。一種是用些毛鄧語言、思路，混添些傳統要素而形成一種具民粹、民族主義特徵的意識形態，這是過去世界範圍內現代化進程中發生危機時屢見的現象，法西斯主義可謂一前例，結果終將是巨大的災難。一種是堅定地向憲政、自由、民主、法治靠近，再造權力合法性，從以國家為中心的意識形態闡述轉到以公民、公民的權利為核心來更新、重構意識形態。形成一種公民的權利受到保障、不同的利益和理念能動態地得以平衡和包容、各群體能共同生活、權力得到有效約束的開放的制度和價值規範。

中國在選擇的十字路口。從這個角度看，階級鬥爭論再現也是有其邏輯：那是一種用舊的專政手段壓制不同的意見和矛盾、對外敵視所做的輿論試探。因此，社會須以最強烈的輿論反擊讓主張者明瞭社會對這種倒行逆施的憤怒和反抗，逼其改弦更張。正如醫學所揭示那樣，精神分裂會導致某種暴力傾向；中共意識形態上的精神分裂如不能很好解決，其執政的暴力傾向就很可能會加強。

有人認為中共沒有向一種多元的意識形態轉移的思想資源，其實這也不見得：只要回歸四九年前中共許多有關憲政、自由和民主的論述、兌現歷史的承諾就可以了。問題是在要不要，想不想。

一段時期的左右遊戲，人們或可理解寬諒，但不可能永久地在含糊不清中等待，經濟社會形勢也無法持續為各種有關中國走向

的含混不清的信息買單。中國到了要對未來給予一個明確說明的時候了。

鄧小平與「半拉子改革」的命運

————————————————————————————————— BBC 2014年8月25日

　　「半拉子改革」是周其仁先生最近在一篇題為「中國改革為什麼這麼難」的文章中對中國改革所做的描述。作者不僅具理論修養，更長期注重實地調研，因此對中國的問題常有鮮活、獨到的看法。正如這句帶有民間口語風格的概括，傳神貼切，相信所言所想者眾，非為周先生一人專用，但由他在這樣一篇探討中國改革的文中提出，輔以一些調研的例證，顯得生動，別有意含。

　　不過，該文雖涉及，卻沒有對「半拉子改革」做進一步的展開討論，讓人感到有些遺憾。因三中全會決議、反腐、鄧小平誕辰紀念活動等，近來各種有關改革的評議再起，這裡，受周文啟發，筆者也談幾點看法，就教各方。

「半拉子改革」與新改革

　　周先生文中稱，實行二十來年的計劃體制，卻用了三十五年來改革，至今還舉步維艱，讓人感歎困惑。更因改革不徹底，處處呈現出「半拉子改革」狀態，衍生許多問題，搞不好「就會出大問題」。

　　這種認識，許多人有，高層大概也不例外。前有溫家寶稱改革有前功盡棄的可能，後有王岐山推薦「舊制度與大革命」，其傳達的含意恐怕也都在此。改革不徹底，就往往會引發革命；改革的狀

態，有的時候比不改革更能引發激烈的變革。因為期望值已抬升，社會力量已激活。只有用改革來不斷滿足這種期望，加速制度構建，社會才能保持平穩。這些，筆者十多年來就曾不斷談及。

「半拉子改革」這種新舊體制交混狀態，不僅體現在經濟上許多半市場、半國家壟斷現象，也體現在其他各個領域。而政治體制甚至毛髮未損，連半拉子尚談不上。只改經濟不動政治是一種最大的「半拉子改革」，造成的惡果已日漸明顯。

因此，今日再談改革，已不應只是最初所指，即對毛時代的體制尤其是經濟體制進行改造，而應具有雙重指向：一部分是要對原制度的舊房進行改造，觸及迄今未進行改革的政治和國家制度部分；另一部分，則是要改造爛尾工程，剔出因「半拉子改革」與傳統體制嫁接衍生出的各種新的經濟、社會和政治機制弊端，建立回應新的社會要求的制度。

原先改革的部分成果和力量在這裡要成為被改革的對象，通過改革制衡削弱因嘗到甜頭欲將「半拉子改革」狀態固化的利益集團，重建社會正義。因此，這種改革，是舊改革的繼續、再生，但更應是一種全新的改革。沒有這不可分割的兩部分，改革便毫無意義。

兩種改革觀

這種全新的改革，應以結束這種「半拉子改革」狀態，完成制度轉型為目標。事實上，中國改革中一直存在兩種改革觀。一種是工具式的，鄧小平的思路可謂代表。改革是為了所謂完善體制，堅

持黨的領導，只是在這個前提下，用改革來發展生產力，改革一些社會國家管理體制。也就是說，改革本身就定義為一種「半拉子改革」，非全面改造體制。由此，各種半拉子改革現象就成必然且具合法性。

另一種改革觀，是希望以漸進的方式，不斷改造舊有體制，直至達成整個國家經濟、社會和政治體制的再造，進而更新中華現代文明。

兩種改革觀因歷史和政治的原因一直糾纏含糊不清，其彼此間的緊張以及贊同者之間的關係互動，是理解整個中國三十多年改革及其當下困境的關鍵。改革能否復甦，不功虧一簣很大程度上也將取決於能否化解這種緊張，重新定義和明確改革目標。鄧式實用主義的不爭論改革只在具體的歷史情境下有過正面效果，卻是形成半拉子改革的一個重要原因，今天是否最終要改革國家制度這一根本問題已無法再迴避。

上下層互動與改革之難

周先生認為現在改革之難概因上下層脫節，上層不能吸納下層的創意和要求。這就觸及到改革的主體和動力問題。筆者也一向認為，改革中上下層的辯證互動是決定中國改革成敗的關鍵；三十多年的改革，什麼時候下層的改革熱情和動力能很好地被上層認可吸納，改革就具有活力富有成效；什麼時候下層被壓抑，改革成獨角戲，改革就扭曲，淪為空談。

從一種歷史和世界的視野來討論問題，改革中上下層的關係

的問題也是帶有普遍性的。當作上層僵固，要靠下層來突破制度框架回答的歷史課題時，往往就不再是改革而是革命了。那種由上層啟動驅導的威權式的改革，因缺乏足夠的社會動員和參與，先天不足，即使一時成功，從長遠的角度看，或許也埋有隱患。明治維新後的近代日本或許可為一例證。

中國改革中當下這種對下層的忽略、輕視甚至敵視，其來有自，斷非偶然。它是工具改革觀的邏輯的延伸，利益集團綁架國家機器和改革的一個表現，也是改革乏力無法喚起熱情的根源。當那種民眾有好處，官員獲利，國家亦得益的皆大歡喜的改革階段過後，利益的分化需要突破既有制度框架，用制度加以調節規範；公民意識的覺醒也需要新的制度得以容納公民的參與。而這些，顯然不是這種工具改革觀所能容納。只要官方繼續維持這種工具改革觀，不思對制度做帶根本性改造，當年那種上下層改革互動就很難再現，改革也就絕不會有第二春。

歷史地位未定的鄧小平和習近平

鄧小平用否定毛的文革、推動改革奠定了自己的歷史地位，且用「南巡」繼續經改來挽救因六四鎮壓所自毀的聲望。但依筆者見，鄧小平的最後定位尚未明晰，要取決於習近平能否處理好鄧的遺產及改革最終的命運。回歸毛是死路一條；鄧需要習來否定他才能最終成就他當然也成就習自己。反之，改革終落失敗，習的歷史地位歸零，鄧的也將大打折扣甚至不存。

反腐只能是清理鄧式半拉子改革遺產的第一步，如不能積極地

回應社會的要求並借助社會的力量，將改革進行到底，反之打壓社會呼聲，搞習式的新半拉子改革，即使再龐大，習的身影也將終顯孤獨，最後被官僚集團的巨大陰影所遮蓋吞噬。

江、胡時期，鄧模式還有可釋放的空間，尤其是加入世貿一舉從外部給中國注入了活力和資源，暫緩了這種模式內生的諸種問題的壓力。習已不再有江、胡的運氣，歷史的境遇已決定，要麼做偉人，再造體制，避免社會付出更大成本；要麼成罪人，錯過歷史最後的機緣，為下一步各種社會衝突敞開大門。這只是一個時間和條件的問題了。

一些人拿些前東歐、蘇聯和阿拉伯國家轉型遭遇的問題來否定國家制度根本性改造的必要完全是誤讀，本末倒置。事實上，這些轉型遭遇的困難的所有根源皆在轉型之前，在拒斥改革或改革不徹底。恰因此，才需加速國家改造，用漸進、堅決徹底的改革來消除病患，免於激烈的變革。當街頭抗議已起，本阿里和穆巴拉克之類才宣佈人們期待的政治改革，事已晚矣且將遺患深遠！

因中國的發展，讓許多人幻想這種半拉子改革形成的模式可以久續。須知，絕大多數的極權和威權體制也都曾造就過各自程度不等的經濟輝煌，但也都終因體制的缺陷無法避免衰敗與動盪；殷鑒不遠。中國的發展是與現行模式有關，但今日中國醞釀的巨大風險或也恰恰源自這種模式。成也蕭何，敗亦可為蕭何。這是一種類威權式的後極權國家秩序，在其中公民只具半主體地位，權利無法得到基本保障，利益得不到恰當表達，公正缺失，腐敗氾濫。一些顛覆性的能量正在積聚。

中國下一步改革的目標只應是一個：使公民成為具有完整權利

的公民。圍繞此重建國家的合法性以及與社會的關係，任何偏離這個目標的改革終將失敗。形式可以不一，稱呼也可多樣，但讓公民成為一個真正的現代主體這實質內容卻不可或缺。

　　文明巨流的導向，誰也無法阻擋，鄧不能，習也不能。

周永康案與中國的政治走向

BBC 2014年8月4日

終於，周案公佈！人們等到了久盼的消息，在意料之中，卻還是引發網上的大片歡呼。這現象能讓人理解，卻也深刻，使人悲哀：一個法治國家，具基本的新聞自由，豈會有此現象！人人盡曉，舉世皆知，卻無法瞭解事態的任何進展，一切都在暗處；億萬號稱國家主人的公民只能被動地等待相關消息，做規矩的看客，用些暗語相互交換意見和不知真偽的信息，相信謠言的真實更甚於官方公報。這不能不說是這個時代世界上的一個奇觀！

由此也提醒人們：不管中國怎樣得意於其現代化的成就，其政治依然處於一種早該跨越的時代。不過，我們最感興趣的還是這樣一個案件會對中國政治帶來怎樣的影響，其現實和歷史的可能意涵。

中國模式進一步崩塌

雖然官方「道路和制度自信」不絕於口，也會借周案再次宣示自己的偉大，但事實上，周案的出現不可能不對現行的「中國模式」又造成沉重一擊。周永康現象是這個時代和這種模式的產物。靠剝奪民眾的基本權益，這種模式藉以維持一個低人工成本的世界工廠；同時，不斷壓制人們的意見表達和權益維護，權貴得以肆無忌憚地掠奪；執政者用利益輸送維持官僚集團內部的凝聚，渙散精

英層的責任和批判意識；社會正義缺失。大規模的腐敗和暴力強制維穩體制邏輯性地相伴而生，成為其重要的組成支柱。

周作為這維穩體制的代言人，守護者，在整個執政集團的默許和鼓勵下，不僅強化這種體制，且成為這種體制的最大受益者之一。但在獲得巨大的利益的同時，也因自身的貪腐，反過來增加了人們對這種體制的憎惡，為其敗頹準備了條件。周的垮台自有偶然性，深層的背景卻是這種模式無法繼續按舊的方式維繫，中國到了一個需要調整整體發展路線、文明方向的階段。

習時代與政治派系

但迄今為止，新領導人在執政指向上給出的信息依然相當混沌矛盾，只在反腐上，顯示出前所未有的堅持、一致和行動力度。個中道理也簡單：無論習反腐的初衷為何，在當下，反腐最符合其政治利益，也能迎合滿足各界大部分人的期望。與許多人的政治意願在此產生某種交集。也因此，自執政以來習從社會上所獲取的最大政治收益，是來自人們對其在該領域採取的舉措的認可。

正如江打掉陳希同，胡消除陳良宇標誌其實際政治權力得到某種確認一樣，周案的公示，標誌著習時代的到來。江、胡時期，各有婆婆；壞處是不得施展，好處是有庇護和可推諉之人，責任可以分攤，沒有對手翻盤之憂。而隨威權體制的合法性遞減，習已不再具備這種資源，加之面對的是經過文革的浸染，甚少忌憚、自視皆高的一代，從一開始習就面臨一種艱難的政治挑戰：如何確立自己的權威，應付對手的威脅。這從爭取上位的博弈中就已開始直至今

日。習的做法，一靠改制，打亂既有格局，增加自身制度性資源；二靠反腐，消除對手，震懾各方。打掉薄、周，就成題中應有之義。至此，這種權力的爭奪和鞏固戰才真正告一段落。

那些習慣於幕後施加影響者會就此謹慎或收手；舊派系重新洗牌，要麼瓦解，要麼弱化，或轉入隱祕運作。習派獨大定於一尊。接下來，習派權力運作上的重點可能就是要鞏固位勢，進而打破常規，確保兩年後黨代會的人事主導。這將成為新的政治角力點，也會成為觀察下一步中國政治的新視角。

習系自然有理由慶賀政治角力中的大勝，但問題可能也隨之而來。再不會有任何借口可為其開脫，中國的安危，民眾的福祉，輿論壓力都將繫習一身；所有踐踏人權，違背理性人道的政策，習也都將難逃其責。如不能順民心、穩經濟、新政治，引領中國走向自由和平公正，儘管可以有效控制政權，但其獲得的權威終將喪失，進而引發人們對現體制最後剩存的認可徹底崩解。

反腐、保江山和依法治國

事實上，人們對周案公佈上的歡呼只能是暫時的，人們在等待後續，而期望值也會隨反腐的深入而提升。方便麵是不能滿足人們對美食的追求的，下一道菜為何？周案能否成為一個中國政治具有積極意義的歷史轉折點，端取決於下一步習等人的作為。習當然不可能在反腐上輕言收兵，那必將傷及其在此領域積累下的聲譽。但反腐能否更上層樓，卻也尚在未定之數。

比如，周與江、曾很難完全切割，是否要有所動作？溫總家

族的財產要不要給人們一個交待？早有腐敗傳聞的賈慶林該如何處置？本朝常委如劉雲山等一概清白？在公佈的消息裡只提「違紀」不提「違法」，周最後是否要循前例公開審判？如照薄那樣在法庭上行事，執政集團能否承受？人民網「反腐只有逗號沒有句號」文刊出即消失……這都預示著，這場反腐遠沒有到最後定論的時候。威權體制的絞殺機已經啟動，是不易停擺的，也具有相當的不確定性。

此外，這場反腐敗最終目的是在「保江山」，還是要重建社會正義，再造體制，這也是問題的關鍵。如是前者，不動體制，反腐「告成」之日，就必是新一輪腐敗的開始之時；如是後者，就必須在運動式反腐的同時，引入新的制度要素和社會力量，確立根治腐敗的結構基石，才能保證不前功盡棄。

對此，我們還沒答案。周案宣佈的同時所預告四中全會將以「依法治國」作為主題，給了人們一個暗示性、稍許令人鼓舞的信息，但鑒於「狼來了」聽之過久，故也只能暫且聽之，要待那會議尤其是落實的結果再來做評。

不過當下，也有三事可拿來當作周案是否具歷史轉折意義的測試指標，而官方欲收商鞅「南門立木」之效，不待四中全會，也絕可立桿見影。一曰放人。立刻按法律規定釋放近期濫捕的維權人士，著手清理近十年周主政期間維穩體制造成的冤假錯案，並上溯更遠的冤案，重建社會對正義的信心。二曰抓人。對太子派的腐敗者繩之以法，以昭示國家法律公正，刑可上常委亦可上太子。在上位固權上，習借助太子派之力甚多，其乃習力量的最重要基礎。習也用反腐回應了某些「紅二代」對「官二代」之跋扈、掠奪而生的

不平和憤恨之氣，換取支持。但能否也將反腐指向某些發小，「自己人中的自己人」「紅二代」中的貪腐亂法者，向社會展示其乃國家正義的守護者而不是權貴集團的代言人，人們在觀察中。三曰停批憲政。法治國家的根基在憲政，無憲政絕無真法治。上述三者不為，人們也就無需對全會抱任何不切實際的指望，周案的意義也就只能流於「保江山清門戶式」的權爭。

公民意識的革命

薄熙來的垮台名義上終結了「重慶模式」，但人們卻驚訝地發現，現行的國家政策和官方語言，卻很有些「重慶模式」的色彩和味道；周永康垮台了，其治下的維穩體制卻變本加厲繼續運行。因此，悲觀雖然不必，但因周案而盲目樂觀也絕無理由。從薄王到周案、性、暗殺、金錢、權力、打手、黑社會、陰謀，……與那杜撰的美國「紙牌屋」相比，這真實的中國政治連續劇更加荒淫醜惡無恥。

一個主掌公檢法的國家領導人行止黑暗腐敗至此，讓人震驚，同時也含義深遠。或許，為每個公民的利益，也為民族的未來計，對政治人物，該給的掌聲就給，但永遠保持懷疑和警惕，這是現代公民應有的態度，也是中國人必須完成的公民意識革命，且由此出發，去為一個能不做看客，有權利選擇約束領導人的制度的設立而努力。

三中全會：最後一場改革？

BBC 2013年11月23日

在各種期望和等待中的三中全會終於閉幕，相關改革決議出台，有些方面力度之大，超過一些人的預期；有些方面的闕如，讓些人失望。讚揚者、觀望者、批評者各自從不同的立場，持不同的論據加以評議、預測。在筆者看來，不論從哪個角度講，這場改革都關係重大，某種程度上將決定中共的命運和中國未來的走向。歷史不會再給中共再進行一場如此類型改革的機會，或許，這將是中共主導的最後一場改革。

如何評價

各種評價之所以眾說紛紜，一個重要原因是標準不同。從國家能力提升，到經濟發展的前景，黨的權力的鞏固等，不同的視角會得出不同的結論。不過，從筆者一向強調的將公民的「權利增量」作為下一步改革的衡量標準的角度來看，這次的改革方案還是有相當值得肯定之處：廢除勞教，有限開放二胎，處於弱勢的農民的多種權益尤其是土地權的保障得到某種新的承諾，民營企業得到更大的尊重，戶口改革，教育和就業權利平等，建立「人權司法保障制度」的提法等等。

此外，在改革的哲學上，決議的內容透出某種現實主義的態度。這不僅可以在某種程度上減弱人們對前一段因官方高調宣傳毛

所帶來的對中國政治經濟社會再意識形態化的擔憂，也為下一步改革的推進創造一個重要的條件。改革方案基調上是回歸鄧的路線。

　　但官方是否就此會放棄前一段色彩強烈的「政左經右」的執政路向，現在還言之過早。下個月毛誕辰紀念時官方將給予何種說法，將為我們提供一個重要的觀察機會。不過可以預見的是，因宣傳三中全會精神的需要，在毛式意識形態上的宣傳調門會降低，做法會調整，對一些社會力量的打壓不會停止，但會適當弱化，手段會更精細。

權威主義誤區

　　不過，恰恰在對待社會力量這一關鍵性問題上，凸現出官方的一個重要誤區。儘管三中全會也強調人民的創造性在改革中的重要，強調了憲法的尊嚴，但事實上，我們看不到什麼新的具有實質性的舉措，讓人感到官方對社會力量依然具有相當的戒備和敵視。回顧三十多年中國的改革，充滿活力富有成效的時期，往往都源於上下的互動和激盪；而近十多年改革陷入停滯，也都與官方壓抑民間力量，改革成為上層的獨角戲有關。缺乏民眾的參與熱情和必要的參與空間，中國的改革是無法進一步得到推展的。中外歷史上許多例證也表明，那種自上而下沒有民眾的參與和配合的改革，不是不能成功就是最後走向畸形。

　　這次決議的推出，印證了筆者的一個猜測：新主政者基本上在習用鄧當年上位時的一些做法——在激起人們改革期望後再冷卻，打壓民間人士，尊毛，推出新的自由化經改方案等方面，有許

多類似之處。只是在筆者看來，這裡卻有一個至關重要的不同：那就是，新主政者沒有進行當年胡耀邦主持推動，鄧參與支持的重大冤假錯案的平反，且還因打壓在不同程度上製造了各類新的冤假錯案。這如何能取信於民？須知，平反重大冤假錯案，不是一個簡單的糾錯補償的問題，它說到底是要重建人們對正義和未來的信心，對社會的關注和參與。缺乏對社會正義的信心，任何政策事實上是很難得到很好的貫徹，合法性危機的問題也不會得到有效的解決。

在反腐上，提及讓人民監督權力，讓權力在陽光下運行，但在具體做法上通篇沒有提及新聞言論自由和公民社會的作用，更遑論反對黨的功能，依然是一個黨領導下的對黨的權力的限制和制衡的路徑。這已經被歷史和現實證明是不可能從根本上根治腐敗的。

此外，一方面高調宣示憲法的重要，另一方面抓人封號，行動違憲，「憲法權威」又靠什麼來樹立？沒有人否認現代化轉型過程中權威的必要和重要；權威的再造和更新從來都是一個國家現代化和轉型能否成功的關鍵。鄧式改革造成的問題是迷信權威主義與經濟發展的聯姻。因利益與權力的糾結，權威主義的發展路向的通病及悖論在於其帶來某些績效的同時，往往反過來不可避免地會造成權威的喪失。

一如許多人所指出的，能否打破利益集團的壟斷和制肘，是改革決議能否真正得以落實的關鍵。依靠權威來實行，常常成為人們用來論證鞏固權威的必要。此次決議的許多提法，過去多少都提出過而未得到落實，沒有任何理由讓人們相信此次改革就絕對不同以往能得以貫徹。更何況，缺乏有效的制約，每次改革權貴們如果不是絕對的獲利者的話，也至少都成為最大的得利者，怎麼就能保證

此次經濟改革不再一次成為權貴者瓜分國家財產、牟取私利的盛宴呢？不正是因為這種權力壟斷、缺乏社會參與的改革，才造成這種怪現象嗎？改革之初耳熟能詳的要減少審批權，消滅層層審批等說法，三十多年後今天竟又成為所謂改革的要務！

用造成腐敗的權力結構來消解腐敗的權力，從邏輯上和現實角度講最終都是行不通的，或可收一時之效，卻無法根本解決問題。打破這種權威悖論的前提就是跳出權威、權力的邏輯，用權利的邏輯來約束權力，再造權威。而從這一點上講，此次全會決議不能說全無新意，但還是乏善可陳。

信心拐點

打破權貴利益集團壟斷的做法，一是毛的，用民粹，結局是喪失發展；二是鄧的，用贖買，後果是腐敗氾濫。學毛是死路，習鄧是絕路，都不可能將中國真正引向未來。毛鄧通吃不可能真正推動改革；左右平衡的戲碼上演過度也只會增加改革成本，——開會前一天再推出關於兩個三十年不能否定的長文；具體決議刊登前的全會公報基調都與決議內容有相當的差距，——如此豈能不加劇思想混亂；改革需要更明確的指向。

任何政權都面臨一個民眾對其的信心問題，不舉遠例，就以阿拉伯世界發生的事件為例，一旦對政權的信心拐點出現，就是雪崩式效應，原子武器也很難挽崩頹之勢。當代中國的最關鍵的問題可能就是一個：中國人對現政權的信心拐點是否以及何時可能會出現？

　　事實上，此次改革方案出台，社會反應上的相對冷淡和相當一些人的懷疑態度已經說明，社會對改革缺乏信心，對權力缺乏信任，那不是僅靠設立什麼「改革領導小組」所能輕易重建的。主政者需要真正拿出誠意，盡速落實憲法規定的公民權利，而不要將國安會的部分職能轉變成維穩辦的升級版。被利益集團阻撓、挾持且缺乏民眾支持的改革注定會失敗。黨只有一條路能保證改革成功和自己的未來，就是將所有改革措施都指向社會自主的增大，公民權利的增量，權力的限制，司法的獨立，完成自我蛻變，而不將改革再一次當作做好人，保江山，靠發展經濟來鞏固政權的遊戲。

　　主政者的太子背景有利於其執掌權力進行改革，因而推遲信心拐點到來或就此再造體制，消除危機；卻也可能因權力的過度集中，被視為利益集團的捍衛者而讓人背棄，從而加速這種信心拐點的到來。從一種大歷史的角度看，這場改革不管成功與否，都很可能是中共所主導的最後一場改革。如成功，在這場改革中成長起來的社會力量，將更有自主性和能力，不會再被動地接受黨國按照自己的利益和意志來規劃中國的方案，將以各種形式參與未來改革的制訂和實施。而如果改革失敗，那中國的變革必將以另一種方式加速到來。

薄案折射巨變時代的中國課題

BBC 2013年9月23日

薄案宣判，一齣大戲落幕。這堪比莎士比亞作品的政治劇目，以其陰謀、背叛、兇殺、情慾、金錢、權力等各種要素，不僅攪動中國的政局，牽涉國際，也吸引了億萬普通民眾的關注，從各個角度折射出巨變時代的中國所面臨的種種課題。

緣起—悲劇

薄熙來一躍成為眾人關注的對象，源自其在重慶的所為。而這卻是由一個更深層的原因所決定的：改革開放三十多年，中國在取得巨大成就的時候，由於發展模式的缺陷正陷入一種新的危機狀況，需做些根本性的調整。

薄敏銳地撲捉到這些，在偏遠重慶，以太子黨所具有的資源和霸氣，逆勢而起，試圖通過「唱紅打黑」，改善民生來贏得政治資源，博取在十八大乃至其後主導中國的政治資格。

這種帶有強烈的民粹主義色彩的舉措，在取得一些成果、贏得相當一些人尤其是某些弱勢群體的掌聲的同時也深受詬病，集中體現在其踐踏法治、侵犯人權的專斷取向上。這對受過文革之苦的國人來講，無論是在情感還是理智上都實在難以接受。更何況，薄的驕狂、自大和某些作為觸犯了中共內部的一些規則，危及政治繼承和執政集團的權力平衡，埋下薄最終墜敗的根源。王立軍的叛逃只

是將其引爆。

需要指出的是，王立軍、甚至谷開來以及重慶的一班人馬所要保護的絕不是谷開來案中所提及的薄瓜瓜，姑且不論被殺的英國人是否真有過這種威脅，即使有其實也不必當真，那沒有多大意義，他冒的風險也過大。那英國人真正能夠威脅的是薄熙來，王、谷等真正要保護的也是薄熙來的政治生命以及與此相聯的他們自身的利益，儘管薄、谷之間可能情感早已蕩然無存。

這是一齣悲劇，所有當事人的悲劇，也是每天依舊在中國官場繼續上演著的悲劇，一個由性格更由中國當下的制度和文化所造成的悲劇。

審判─鬧劇

這齣悲劇卻因官方主持的審判成為一場鬧劇，不管官方如何操作，審判結果都只會讓各方不滿，官方失分。唯一讓筆者感到有些意外的是，官方審判的公開程度遠大於預期，這當然十分值得肯定。但也不可過於像某些人那樣過度吹噓：畢竟這種公開只是個案，且這種決定是如何做出的還有待瞭解。

或許，這種公開的決定並不見得像許多人想像的那樣精心謀劃，也許就是領導人的某種過度自信所倉促促成。一個真正的法治國家所需要的司法公正依然遙遠，這場司法公開戲顯然還是太帶有權宜和計算的色彩，包括政治考量甚至照顧各方情面和舊誼，都可能是其中的因素。更何況，這所謂的公開依然是選擇性的，且在公開的部分有些從對人權和司法嚴肅性的尊重角度講，也並不合理與

合適；在一個成熟的法治國家是不會被允許的。

說到底，不管進行怎樣司法裝扮，這是一場政治審判恐怕是路人皆知。而盤算好要利用此做一場絕地反撲的薄熙來，成功地將庭審變成個人表演的舞台，贏得了支持者相當多的喝彩和更多的同情，但卻因其性格上的某些缺失，將一個本可贏得更多讚賞的歷史機緣，因大拋個人隱私而變成一齣小市民津津樂道的三流言情劇。從一個側面顯現出其作為政治家的素質上所具有的局限。

總之，本來官方可以利用此機會，以一種大氣的思維，公正的心胸，落實一種真正的司法公正，對薄熙來的整體罪行做一個公正審判，借此彌補合法性的缺失，重建社會對國家的信任。但因從一開始就出於政治考量選擇性辦案，只集中薄熙來在大連的貪污，在王立軍叛逃上的濫用職權，結果在薄的自辯和民眾與其他貪官自然的對比下，反而沖淡了這審判在民眾心目中的嚴肅性。

這是一場政治表演，但從導演到演員出於各自的政治原因，都避而不談政治，只談所謂的刑事。主政者因其自身的政治局限，不去清算唱紅打黑中的違法違憲的行為，卻專揀些在許多人看來相較之下並不與這樣一場審判匹配的事實來起訴，而且從嚴格的法律規範講，比如以美國的司法判例來看，經薄的自辯，有些罪名並不能一定成立。但在其全面翻供下，官方帶有點羞惱和懲罰性地判其終身監禁，其結果很難不進一步敗壞人們對法治的信心，且事與願違地將薄打造成某些人眼中的英雄。

影響—正劇

　　作為這個巨變時代的一場大戲，薄案還是有其極其重要的意義需國人深思。

　　首先，中國的政治遠遠未上正軌，強人去後，權力的繼承和不可避免的權力鬥爭也遠遠沒有達成應有的制度化，依舊缺乏透明和公平的規則。薄熙來這樣一位在一個正常的憲政體制下本可依據其自身的特點扮演一不錯的政治角色的人物，卻不得不以破壞統治集團內部規則的方式另打旗號，採取些非正常手段進行權爭，不僅給自己埋下悲劇的種子，也給國家和社會帶來諸多悲劇性的示範與後果。

　　要避免類似的悲劇在中國不停的上演，徹底消除成王敗寇的政治文化，建設一個透明公正有著明確規則的政治競爭機制已經刻不容緩，就這點來講，不僅是自由派，就連那些薄的支持者不也應該為此努力嗎？此外，還有什麼他途？

　　其次，中國面臨巨大的歷史轉折，國家應允許各種不同的集團、利益和聲音有不同的表達，加快公平公正的制度建設，而不是一味地打壓政治對手，社會異議，搞虛假的「社會和諧」。要讓人們根據利益也根據觀念自由地選擇政治代言人，循制度程序決定國家政策走向。那種動用各種政權機器打壓不同聲音，踐踏法律，侵犯人權的做法，正是薄熙來所為人譴責的，更不應成為今日審判薄熙來者今後堂而皇之的執政手段。讓文革與改革結婚，注定要生產出畸形和災難，因為那是導向和性質截然不同的東西。薄熙來悲劇的一部分不能不說不是與此相聯的。

　　最後，中國的領導人需有大智慧、大胸襟、大視野、大魄力，為扭轉中國的各種危機開出新局，且不可方向不清，迷信權力，自

以為是，玩小伎倆，感受不到時代的氣息。那對個人乃至國家都將是災難。

　　一場大戲結束了，但種種轉型大戲則剛剛開始。我們的努力就是不要讓其成為悲劇。

危險的政左經右
——談近來中共的執政取向

BBC 2013年9月9日

　　近幾個月來的中國政治讓人眼花繚亂，充斥著各種雜亂不清、相互矛盾的信息。近三十年多年來的中國政治似乎從沒有像今日這樣讓人感到費解。這一來是權力的交接所必然帶來的某些混亂的延續，二來也跟中共高層傳遞出的各種前後不一、矛盾、欠缺邏輯的說法有關。但這並不是說這背後沒有一個邏輯可循，從鞏固權力、建立個人權威以及與此相關的社會維穩、保江山這個角度來解讀，我們還是可以得到比較清晰的解釋。只是這種邏輯指導下現在採行的某種執政取向實在讓人為中國的未來感到憂慮。

政左經右的執政取向

　　概括說，近來執政取向上具有明顯的政左經右的特點。一方面是政治上打壓維權人士，收緊言論，高調強調輿論一致，批憲政，排斥普世價值，推崇毛，文革語言正式回潮，敵對思維再次強化等等；另一方面是強調繼續深化經改，讓市場倒逼企業、政府，市場能做的回歸市場，國家退出不該佔據的領域，給民企更大的自由，上海自由貿易區的推出等一系列經濟自由導向的舉措。顯然這些政經舉措的要旨皆在服務於穩固政權。

　　事實上，自中共改革開放，放棄毛的極權主義模式後，中國政

治的基本走向就是被人戲稱為「打左燈，向右轉」的鄧式模式。表面上繼續稱左，實際上向右，給予個人、社會以相當的自主空間，回歸國際主流社會的慣例和價值，逐步放棄傳統的完全不合時宜的馬列斯毛（註1）的意識形態及其相關做法，可以說，所有這些年取得的進步和成績，都與這種放棄有關；所有積累的問題，也與這種鄧式模式的內在矛盾，放棄得不徹底，制度不匹配相聯。

當下，這些積累的問題已到達某種危險的程度，需要從根本上加以調整，通過改革和制度創新尤其是落實憲法規定的各項公民權利，進行筆者稱為「權利增量」的改革來理順各方關係，保持改革造就的活力，創造利益表達和調節機制，平抑各種不滿和矛盾。

但新近領導人所宣示的這種新的政左經右，如果將其固化為今後一段中國的執政思路，那必將對中國的未來埋下極其嚴重的危險。這是因為，與鄧式不同，現在的「政左」是要恢復毛式的一些思路和做法，本質上與改革開放以來以自由為導向的發展路徑是絕然相反的。鄧的「左」在他是工具意義上的、局部的、一種威權主義性質的，服務於權力的需要。也曾提到過自由選舉的必要，只是實用主義地將其推到所謂二、三十年之後。因此這種「左」在有些時候是能與一些「右」的主張達成共識的，其區別可以用所謂發展階段、時間性上的分歧來適當沖淡，方向並不全然對立，社會可以在一段時間找到某種平衡。

但今日這種政左經右的主張給人的感覺似乎是一條腿可以允許向前，有更多的活動自由和空間；一條腿卻要被拉向後，被嚴格限固。如此相反的執政取向，短期尚可，長期下去必然造成比鄧式的政左經右更大的內在緊張和問題，失去平衡，將國家陷於一種崩裂

的狀態。

解放思想還是僵固思想

問題的關鍵在於，新領導內心是否真正認定這種「政左經右」的模式可以成立還只是苦於一時無計，拿來權做療治的辦法。去歲11月十八大閉幕後，筆者曾寫過一篇「依舊做好人，保江山？——談新領導人的執政理念」（BBC以「新領導人的執政理念」於2012年11月26日刊載），認為那些指望習能立刻展開政改的想像過於樂觀，其當下最可能思路還是「做好人，保江山」，也會為此做些改革。只是我們無法知曉的是，新領導人們對現行體制的內在矛盾、現代文明的本質到底體認有多深，這將會決定其在多大程度上能否突破這種思路，開創新局。

今日來看，如果習等領導真心認定這種政左經右是長治久安之道，那結論就只能是：他們對現代文明的本質毫無體認，本質上還是毛精神上的傳人；也就很難指望他們主導的改革從根本上能很好地解決中國這個時代的課題。因為，毛的思路與其它現代產生的極權主義思想和體制一樣，在現代產生，但卻是作為一種反現代思潮和模式而存在的。這是所有極權體制在二十世紀崛起而最終又崩解的最根本的原因。現代文明的本質是自由和權利。任何對此的逆反和壓制，最終必將造成災難，也必將潰敗。威權體制可以搞局部的市場經濟，但毛式的思想和體制卻與市場經濟水火不容。中國改革開放的成就就是公民的自由和權利擴展的結果，其現有的問題也是這方面的缺失和不足有關，而解決之道也只能是權利的落實和擴

展，逆此而行，必將無果而終，延誤時機，釀造以極端方式解決問題的土壤。

數日前中共關於召開十八屆三中全會的公報提出：思想解放永無止境，只有進行時，沒有完成時，值得肯定。但從九號文件到關於意識形態工作的講話，以及稍後各宣傳部長帶有些歇斯底里地高叫「亮劍」所傳達的信息卻顯然是與此相反——思想是不許解放的！「要鞏固馬克思主義意識形態的指導地位」，「不給普世價值留空間」，階級鬥爭邏輯再現。其實，且不談其它，就以經濟領域為例，大概是連國家發改委也會認為拿馬列毛的經濟思想來指導經濟工作會出笑話，大亂子。習總號召要學馬列毛鄧。不過，學馬克思主義的什麼？它的批判哲學？顯然官方不能允許；學列寧的革命理論？毛的造反有理？那肯定是犯忌；而鄧式實用主義理論帶來的嚴重後果已顯而易見，到了必須加以檢討的時候……

中共官方的意識形態危機，不是靠什麼七不講，學馬列毛，批憲政和排斥普世價值，搞思想整肅能得以化解。相反，將馬列毛在意識形態上虛置的地位再次實化，把一些可資借鑒的重要的人類思想資源排斥在外，中共的意識形態只能越走越偏狹，進入一個混亂、自我矛盾、進退失據的死胡同之中，意識形態危機也只會加速惡化。

消除危機，走向現代

事實上，今日中國面臨的危機恰恰需要放棄各種形式的政左經右，確定自由和權利的改革導向，建立一種憲政框架，讓各種真正

的左右思潮和利益需求都得到一個制度性的表達渠道，讓國家與社會、權力精英與民眾之間具有一種良性的互動機制。在共和民主的前提下，重新界定左右，再造社會的動態平衡。療治並消弭因政左經右造成的民族精神分裂和文化虛偽。將所謂的「群眾路線」真正走到底，賦予群眾以監督和選擇官員的權利。換句話說，造就官員永遠不得不走群眾路線、中道路線的制度條件。改變那種想「走群眾路線」就走，不想走，官員繼續橫行，群眾照舊無奈的局面。

且不講缺乏制度性的創新，中國能否突破經濟瓶頸繼續發展尚待討論，而即便如此，難道中國的民眾會永遠滿足只做一個消費意義上的半自由人，忽略社會正義和個人權利的實現？中國到了需要邁出走向現代的關鍵性一步，此步邁不出，民粹主義的暴力陰霾就會時時籠罩，中國也就永遠會有出現顛覆性的逆轉危機的危險，那不是任何形式的政左經右所能最終消除的，也不是國人所樂見的。

註1：馬列斯毛，中共過去慣用的「馬克思、列寧、斯大林、毛澤東」的簡稱。

爲什麼說整黨必然失敗

動向, n° 337, 2013年9月號

中共又發起整黨。這不令人驚訝，從政治上看這幾乎已是一個慣例，每屆新領導人上任都搞一次類似的運動，前有江澤民，後有胡錦濤，都曾如此，只是每次所用的名目不一，不過結果卻類似：除了借此整肅了個別黨員和政治對手外，每次整黨都不外是雷聲大，雨點小，最後無果而終。整黨名義上要達到的目的如「反腐倡廉」，改善工作作風等也都在那幹休所、賓館裡的閒談和杯觥交錯中消失於無形。官員欺壓百姓日甚一日，腐敗也一切照舊。

整黨的舊手段無法應對新問題

此次整黨，是在新領導人上任後，國內外各種經濟、政治、社會與外交等都面臨嚴峻局面的情形下展開的，這可能是與以往有些不同的地方。但整黨的目的卻依舊，不外兩個，一是借此整頓一下黨內腐敗的黨風，二是為新領導樹威。過去二十年，官方在不願做深度改革的情形下，一方面靠這種整黨運動以及帶有特務政治色彩的紀委系統來對黨進行內部整合，壓抑派系分歧，維護黨內的權威和運作；另一方面靠發展經濟來吸納精英，平抑社會不滿，也就是說靠贖買社會來緩解政治合法性危機。

但這些方法能產生效果的前提是經濟的不斷快速增長，蛋糕的逐步加大，使得官方在進行這種整合和贖買時能具有足夠的金錢和

機會上的資源。但這個條件隨著經濟增長放緩，中國發展模式的負面後果的逐一暴露而正在喪失。比如，最近官方宣佈要進行超過一萬七千億的大規模投資來改善大氣污染等問題，事實上是在給前一段毫無節制的惡質高速增長買單還賬。與此同時，財政收入卻在減少。

傳統的發展模式無以為繼，那種靠撒票子「人民內部矛盾靠人民幣解決」的管治方式也就自然面臨瓶頸。更糟糕的是，在過去這些年資源擴大的同時，由於缺乏監督，握有分配權力的官員的貪腐也相應惡性發展，反過來加深了社會的不滿。此外，隨每次整黨成果的微乎其微，整黨的效果也遞減。在許多官員看來，整黨只是一場做給上級的表演和遊戲，只要程序走過，應付過去，甚至表演的好壞都不甚重要。因為他們知道，他們的陞遷和利益多半不是與這些相關，經濟的增長，外來投資多寡，所謂的一些建設成績，民眾不鬧事，這些才是獲得提升甚至金錢等各種好處的關鍵。

整黨與開放社會不相容

一方面是老辦法面臨困境，另一方面是局勢的惡化。人們期望新領導人能跳出巢臼，為解決中國的問題探索新路。然而啟動整黨，打壓公民運動，使人們在普遍的失望之餘也對未來的憂慮日深。我們不知習近平等中共領導內心究竟如何認定這種整黨形式的功效，如真以為會起到效果，那只能讓人對他們的判斷力表示懷疑，中國的下一步就顯然極其堪憂。如果他們內心明瞭這種方法的無效，只是暫無良策，權做鎮痛劑，收拾一下隊伍，整人立威，以

爭取時間，再圖改造，這從政治上我們能理解，但在無法去除人們對其效果的極大懷疑的同時，也會危險地增加社會的不耐情緒，搞不好會喪失掉最寶貴的改革時機。

正如高華先生在其巨著「紅太陽是如何升起的——延安整風運動的來龍去脈」中所揭示的那樣，整黨這種由毛在四十年代創造的政治整合形式，之所以達到了毛當年預想的一些目的是有其歷史原因的。而時過境遷，中共今日面臨的問題與環境與當年絕然不同，這是整黨注定達不到效果，也是從八十年代改革開放多年來數次整黨無果而終的根本原因。延安整風是小文革，文革是大的延安整風；兩者都有一個重要的前提，就是社會的封閉性，處在一種敵對的環境。這類運動無法在一個開放社會裡成立。今天中共能發起整風運動的前提是這個社會依然是有相當的封閉性，但其已開放的程度又決定這種形式注定失效。信息來源和資源獲取的多樣性、利益的分化，思想的分野，權威的缺乏，黨員與幹部個人主體意識的增長，與社會和外部世界的密切聯繫，都使得靠那種內省和自我檢討，揭發批判和壓制的方法搞整黨來達成思想的統一和隊伍的純潔的可能近乎於零。

因為，大規模揭發，以現在的腐敗規模，黨將沒有寧日，只會加速黨的分裂和黨內對中央的反彈，這對試圖借此建立權威的習李班子絕對不會有任何好處。不揭發批判，整黨就只會淪為念報紙、讀文件。至於內省和自我檢討，當年是以黨員的信念、對黨的忠誠和信任為基礎的，今日對那些為牟利曾陞入黨，毫無價值支撐，習慣了官場文化和各種豪華享受的大小官員們根本就是無從談起。至於啟動讓毛當年整黨成功的另一個殺手鐧鎮壓威懾，甚至不惜對保

持異端的黨員進行人身消滅，就需要一個外在敵人的存在以及與此相連的敵對環境。無論官方今天怎樣宣傳所謂的敵對勢力和西方反華勢力的影響，都無法像延安和文革期間那樣能證明展開一場大清洗的合法性。如硬要造就這樣一個敵人和敵對環境，改革開放就會毀於一旦，政權也就難保。事實上，就連依法懲治犯罪事實明顯的高官如劉志軍，在各種利益的盤根錯節的保護下都無法落實，展開全黨大規模整肅又談何容易！

當年延安甚至文革時整黨的條件都已全部不再，病症又今非昔比後，卻依然重操故伎，結果只能是藥不對症，延誤救治，徒增治療成本。問題是，在浪費了諸多納稅人的公款和官員的時間搞這種不切實際的整黨運動後，問題依舊，到那時，又要祭出何種辦法呢？這倒是讓人最關心的，讓我們拭目以待。

分裂的中港台
——兼談「分裂中國論」

BBC 2013年7月1日

　　世紀初的中港台這三大華人地區，不僅是分治，更呈現出某種內部分裂。這種現象的成因、趨勢、消解之道以及大陸內部這些年在一些人士那裡甚囂塵上的西方「分裂中國論」是否成立，這些顯然都是攸關中國未來的重大問題。

藍綠對峙的台灣

　　或許，在許多人眼裡，三個華人社會中分裂最嚴重的是台灣。不過在筆者看，這一方面有其道理，但另一方面又覺得事態不像許多人想像的那麼嚴重。藍綠對立有其深刻的歷史淵源，自不是一兩日可以消解，但也不像有些人浪漫地想像可以靠獨立或統一就能解決。

　　但台灣最大的優勢是由於民主化的適時推進，遊戲規則開始建立，各方利益能有所表達，法治逐漸完善。儘管有政治人物利用族群分裂謀取政治利益，但在開放的體制下逐漸成熟的民意、民眾的政治選擇也有效地遏制了這種趨勢。國際政治現實也決定台灣無法單獨改變現狀。遵守遊戲規則已經深入人心，當年百萬紅衫軍街頭抗議而不引發衝突，不衝擊政府，不破壞憲政體制可為最好的例證。

隨年輕一代的成長，歷史傷痕的漸漸痊癒，台灣人集體認同的強化——即不管是否還認同自己是中國人，自己首先是台灣人已成為普遍的意識，只是在「台灣人是否還是中國人」的認識上存有區別，只要台獨議題不立刻極端化，加之兩岸的經貿、文化、社會的互動，這種認同上的模糊會持續下去，至少從眼前看，這種分裂也不至於導致更大的衝突。

日漸分裂的香港

與台灣不同的是，香港有一個從英國人那裡繼承下來的成熟的司法體系，新聞自由，但卻缺乏一個完整的民主體制。由於北京出於自己政治利益的考量，以各種藉口拒不兌現以特首普選等為核心內容的政治民主化進程，香港的政治發展停滯。加之經濟轉型、定位上面臨的新挑戰，新移民的湧入，對前途的不確定感，大陸的政治、文化和經濟對香港的全面侵蝕，與「六四」事件相關的對大陸政權的兩極看法等，香港的內部分裂日愈嚴重，已面臨拐點，如再不及時處理或處理不當，後果堪憂。

近來港口大罷工，「佔領中環」計劃的提出，排斥大陸的本土論的浮現，對港英統治的懷舊的復甦等等，從不同的側面反映著這種分裂趨勢。一種不耐煩的集體情緒在蔓延，港人對「一國兩制」的信心前所未有地低落，面臨崩解。香港最新的相關民意調查證明了這一點。

北京這些年一方面扶持香港的大資本，另一方面借收買吸納過去英國留下的官僚集團來控制香港，打擊民主派；同時相當的大陸

權貴借與香港大資本結盟謀取利益。一些現象如廉政公署竟給大陸來的高官送禮，港府高級官員貪污，媒體自控，特首違法建造，唯北京馬首是瞻，……都嚴重威脅到構成香港傳統的如自由、法治、行政清廉等基本價值的存續，帶來的變化，用一個香港朋友的話講「自己熟悉的社會好像不見了」。香港中產階級和下層人民的利益受到忽略和蔑視，分裂就成必然。

問題說到底，是北京政權缺乏對港人的信任，也從一個側面反映出其自身的信心不足。要避免香港走向徹底的分裂，由此造成衰退和蕭條，甚至是動盪，不二的選擇，就是北京需要拿出誠心，遠見，盡快落實香港的民主化，讓港人治港得以落實，構造港人的多元利益表達的有效機制。捨此，一味地以中共的利益來權衡一切，最終不僅得不到港人的信任，維護不了香港的繁榮，會毀壞一國兩制的設計，到頭來也決不會有利於中共的利益。

多重分裂的中國大陸

而與港台相比，大陸的分裂現象來得更加複雜和深刻。三十多年的改革開放，形成各種新的利益主體和利益格局，但由於管理和政治體制的改革嚴重滯後，各種利益衝突、思想分化無法得到制度性的表達和調節，造成一系列嚴重的分裂現象：改革共識的分裂，思想的分裂，官民的分裂，社會的分裂，地區發展的分裂，官員的人格分裂……皆是有目共睹。

面對這種格局，一種方式是回歸舊體制，靠強力壓制、思想運動搞整齊劃一，人為地暫時維持一種表面的和諧統一，其結果必

然是社會和經濟活力受到壓抑，飲鴆止渴，最終斫傷民族的命脈；另一種方式就是尋找一種能適應這種多元格局，分歧，分化而不分裂至分崩離析的制度化調節機制，重建國家的基本價值，民族的共識，政權的合法性，這除了一種憲政體制外，至少迄今為止，我們還沒看到更有效的體制。

憲政體制以約束和規範權力，尊重和維護公民權利，承認各種利益的多元架構為基本前提，是一種制度性的平衡妥協機制。姑且不從價值層面、百年國人追求的理想的角度談實現憲政的必要，僅從利益平衡、更新國家治理、避免因分裂而帶來內戰和動亂的角度談，也必須及時推進憲政在中國的進程。現代史上一些國家包括中國憲政建設的好壞成敗，都與統治者是否適時展開憲政改革有關，今日一些阿拉伯國家所面臨的轉型困難，也多與此有關。專制者不僅在其執政期給人們帶來痛苦，而往往也在被人們推翻後給歷史遺下很多路障。

需要提及的是，分而治之向來是專制統治者常用的統治手段，帝王術的基本伎倆。北京的一些主政者且不可以為靠這些來對付台灣的藍綠，香港的民主和建制派，大陸內部的自由派和毛派等可以天下太平，這些或可收一時的統御之效，但卻可加深各種分裂的裂痕，長遠看決不是長治久安之策，只可能拖延事態，讓問題惡化，付出更大的解決成本，帶來災難性的後果。

「分裂中國論」是否成立

顯見的是，不管歷史和現實的成因如何，所有這些中港台分裂

問題的彌合或減緩，相當大程度上都取決於北京執政者現時的選擇和作為了。

近年來，我們常常在各種媒體網絡上看到一些所謂的專家和網友對西方國家尤其是美國要「分裂中國」的陰謀的分析和論斷。其實，不排除西方可能有些極端的人士希望看到中國分裂，但稍有一點政治常識，具備健全的理性的政治人物，在今日的全球格局下，都決不會希望看到一個因分崩離析給世界帶來巨大風險的中國，一個不確定的混亂中國，因為這並不符合任何人的利益，也是他們所無法承擔的。說他們不希望看到一個強大到超出自己的國家出現，這可能是事實也可能不是，端看這個強大的國家是以何種方式強大和要做一個怎樣的強大的國家。一個德、意、日式的強大國家，肯定是人們絕不願見到的；一個民主自由奉行法治文明的強大國家，不敢說人人都樂見，但至少也是可以接受的。

「木必自朽而後蟲生之，國必自伐而後人伐之」，且不講這種「分裂中國陰謀論」是否成立，但有一點可以確定，對這樣一個巨國，以中國現有的實力，發生分裂其最根本的原因也一定是根植內部的。在十九世紀中葉美國處於轉折的關鍵時代，林肯在其著名的《分裂的房子》（「House Divided Speech」）演說中曾提到：「分裂的房子必不能持久，一半奴役一半自由的政府絕不能持久」。不幸的是，是靠內戰才解決了這問題，成就了美國後來偉大的崛起。

中國人今日面臨的問題的關鍵就是一個：是沉淪，還是能否避免再通過一場動盪來完成其向上的提升。這個答案是要中國人自己要來給出的，他人終歸無法左右。我的希望顯然是後者。

六四、七不講與中共的合法性危機

BBC 2013年6月3日

「六四」事件發生二十四週年前夕，中國內政上最大的新聞就是官方推出一系列牽制思想，限制言論的措施陸續曝光，一時間有些人感到時光倒流，甚至覺得新文革將至。其實，如果我們從一種歷史的角度看問題，從六四到今天的所謂七不講 (註1)，說到底都與政權的合法性危機以及衍生的管治危機相關，而這，古今中外的例證都說明，又絕不是靠六四式的鎮壓和七不講這套壓制能從根本上得以解決的。恰恰相反，這種壓制只能造就更大的反彈，讓問題向極端的方向發展，如此下去，官方不會得到所謂的穩定，民族或許也將遭致更大的災難，這絕不是國人之幸，更不會是當局者之福。

改革開放與六四

中國的改革開放是在文革造就的政治合法性危機的背景下出現的，改革派用經濟、社會上的某些自由化以及行政管理上的改良來糾正毛式的意識形態掛帥、烏托邦主義專制所遺留下的嚴重後果，贏得了人們發自內心的支持，給中國帶來前所未有的發展活力，也相當程度上緩解了當時的合法性危機。

不過，由於這種改革開放的模式所具有的內在缺陷，不平衡，從其一開始就蘊含著釀成新危機的危險，這主要體現在專斷的

權力所主導的經濟自由化所不可避免地造成腐敗和社會不公上。一九八九年天安門運動就是在如此的背景下出現，學生和市民試圖通過和平的抗議，在承認現有政權的合法性的前提下，希望主政集團能夠在已經取得的改革成就基礎上，和平漸進地通過一些改良，達成「在民主與法治的軌道上解決問題」（趙紫陽語）的結果，但這種希望在六四鎮壓的槍聲下破滅。

可是，八九運動所提出的歷史性課題卻無法因這種鎮壓能夠迴避，如果回顧一下當時學生的七點訴求，你會發現那些幾乎全部都是當下也是中國將來不可迴避的一些重大的課題。比如，近來引起熱烈關注的有關官員財產公開的討論不恰恰就是當年七點訴求中的第三條嗎？

後六四的發展與維穩

六四造成中共政權新的合法性重大危機。官方採取的應對之道就是在強化政治控制的前提下，加大開放和經濟自由化的力度。在九十年代柏林牆倒塌，全球化加速及新技術帶來的新一輪全球經濟增長的背景下，中國經濟得到前所未有的發展。這在過去二十多年間相當大程度上緩和了六四鎮壓所帶來的合法性危機。

不過由於這種發展模式的原有缺陷沒有得到有效的糾正，其內在的失衡在不受約束的權力的催化下更加嚴重，政權的合法性危機一直沒有從根本上得以化解，近些年經濟雖依舊在發展，但其緩解合法性危機的效應逐漸遞減，且經濟增長反過來成為新的合法性危機的成因——增長的成果未能被大多數人所共享，惡性腐敗，貧

富差距嚴重，發展的高成本如環境破壞，失業等卻要被大多數人承受。道德崩解，社會矛盾空前激化。

面對這種局面，官方開出的救治藥方依然主要是發展經濟，改善民生，用經濟藥來治政治病，同時靠打壓維穩、控制輿論、整黨等老套數來應對。豈不知此一時彼一時，當初能用來應付的藥劑此時已成為新的病因——貧者愈貧，富者愈富，增長豈能解決貧富差距？金錢如何救癒道德缺失？更何況因全球經濟危機和結構調整，中國經濟升級不利，傳統的靠出口和投資拉動增長的模式已難以為繼，增長本身已經乏力，舊藥本身已開始短缺，藥性又遞減，如何還能指望靠其救治舊症和新疾所造成的惡性併發症？

此外，且不講那些利益受損的弱勢群體的憤怒和不滿，即使那些在經濟增長中獲利成長的一部分中產階級其訴求也不可能僅再滿足於一些物質享受，其權利意識，參與意識，環保意識都大幅提升，不斷地與現行體制發生衝撞。代價高昂的維穩體制越維穩越不穩，日見破綻。這一切都在顯示，中國的發展到了一個新的歷史階段，需要全新的思路去祛舊布新，再造生機，以避免某些災難性的後果。

「七不講」與管治危機

是在這個背景下，近年來尤其是最近一兩年，政界、知識界空前活躍，紛紛就中國未來展開討論。這本是自然的，也是一個明智的主政者所應該樂見的。集思廣益，允許各階層做不同的意見表達，增加共識，這是中國下一步能走出困局的一個前提。不想，執

政當局卻反其道而行之，重拾毛時代的做法，出台所謂的「七不講」，鉗制輿論，搞思想一律，這不能不說是種嚴重的倒退，也將給下一步的社會演變種下惡根。

這裡且不去談「七不講」內容本身的邏輯混亂和荒誕。只從圍繞這事件出台前後所發生的種種雜亂的信息就可看出，與合法性危機相連，中共的管治亦是危機重重。儘管我們從各種公開和私下的信息（如九號文件等）已經基本確定這七不講的存在，但迄今為止，官方都不願公開承認這樣一種指令，猶抱琵琶半遮面。這樣一種執政黨像地下黨式的管治方式不是始於今日，從九十年代開始，那種宣傳部官員定期給宣傳出版教育單位打電話發指示卻不許記錄也不留發佈者姓名的做法已經顯示了這種趨勢，更不必提那種封閉網絡，遮蔽關鍵詞的做法所透露的心虛——比如，「六四」鎮壓如官方所說的那麼正確，理直氣壯，又何必如此掩飾歷史真相？

其實，正因為許多官員包括高級領導人自己都清楚，官方許多提法事實上是經不起推敲，甚至與自己以往宣傳的和憲法上規定的也是不相容的，與人類的發展和中國社會的期望背道而馳，也與他們自己內心真正相信的和私下的一些作為南轅北轍（衣俊卿的言行就是一例），只是為了統治的需要才如此而為。內心虛弱，強詞奪理，靠權力強制，政策下達因不得人心而偷偷摸摸。如此掩耳盜鈴，鴕鳥式地封閉信息，壓制討論，迴避問題，掩蓋歷史的做法又怎麼是自信的表現？如此又怎能為中國的未來開出新局？

從「三個自信」，「五個不搞」，到現在的「七個不講」，透露出的一個信息就是中共的全面保守化，對社會的穩定有很強的焦慮，理論創新日漸僵固，思路的狹隘和貧乏，處於一種被動的守

勢，缺乏把握社會的脈絡，引領社會思潮的能力。那大雜拼式的「民族復興」「中國夢」的幾句空洞提法，注定是無法從整體上扭轉這種格局的。更危險的是如果其中參雜一些狹隘的民族主義的成分的話，搞不好就可能將中國引向德意日式的法西斯主義的道路，國人當有所警惕。

合法性危機的根治之道

為避免這種危險，消除造成六四悲劇的根源，也為從根本上消除這種合法性危機，重建國家與社會的良性互動，賦予國家管治機制一些全新的動力，就需要徹底落實公民的各項權利，正面回應公民日漸增長的權利要求，並圍繞此進行制度創新，重建民族共識。非此，無論動用怎樣的權力系統，下達多少個禁令，提出如何漂亮的口號，發起幾次整風，最終都將無果而終，無法達成根除腐敗，再造政權的合法性的目的。這不僅是被過去歷史所屢屢證實，也將再次被這新的所謂「七不講」禁令的下場所驗證。

在合法性出現嚴重危機的情形下，這樣一種禁講指令所具有的功效之一，大概就只能是鼓勵更多的人尤其是年輕一代去瞭解認識傳播那些被禁講的理論內容，這恐怕就是主政者所始料不及的了。

註1：七不講，是七個不要講的簡稱。爲中共官方在高校教學研究中自2013年以來的一個內部規定，迄今未見明確的文件規定，只是經內部傳達。七個不准涉及的題目是「普世價值」「新聞自由」「公民社會」「公民權利」「中國共產黨的歷史錯誤」「權貴資產階級」「司法獨立」。

「和諧社會」、
「幸福中國」與「中國夢」

　　兩會之後，官方開動宣傳機器，大力宣傳所謂「幸福中國」，
「中國夢」。一時間，這些提法成為最時尚的政治表述。不過，對
幾十年聽慣了各種政治口號，已患上某種政治口號厭煩症的國人來
講，對這些聽上去十分美好，卻含意不清的口號到底能帶來什麼，
卻抱著極大的疑問。官方熱，民眾冷，由此，或許也可見出中國執
政集團當下的某種困境以及未來中國演變的某種預兆。

「和諧社會」怎樣實現

　　2006年秋，當中共在16屆6中全會做出所謂「建設和諧社會」
決議時，筆者曾撰過一文「『和諧社會』怎樣才能實現——從點
燈與放火的比喻談起」。（現收入筆者在港出版的文集「巨變時
代」）。文章肯定在搞了幾十年階級鬥爭，山河破碎，民不聊生
後，提出「建設和諧社會」所具有的正面意義。但認為，如公民權
益不能落實，這目標就絕難達成。「以國家的統一意志，動用政治
權力來整齊劃一地建設某種社會，哪怕是冠以「和諧」二字，其結
果究竟如何還是讓人存疑」。「如果真想建設一個和諧社會，也許
就可以先從尊重每個人的權利包括批評，反對建設『和諧社會』的
權利和自由開始，一個和諧社會或可能真就建立起來了」。

本擬繼寫第二篇「從馬克思主義來看和諧社會理論」，是想說明，如借用一下官方提倡的馬克思主義的意識形態分析方法來做點分析，當年中共不准人們提「和諧」二字，認為那是封建思想，是沒有政治覺悟的和事老哲學，要不得，要講階級鬥爭，提倡革命造反。而現今大講「和諧」，是否是統治集團的一種保守心態，一種統治策略的表現呢？——權貴集團大發橫財，社會矛盾激化，此時再不可講階級鬥爭，要講和諧了。

文章因故尚未寫出，「和諧」已成「河蟹」，「建設和諧社會」的說法就已成「草泥馬」們的嘲笑和譏諷對象了。

「幸福中國」是否可能

新人主政，推出「中國夢」，將先前廣東等地「幸福廣東」等提法上升為國家目標，提出要建設「幸福中國」。從邏輯上說，這是承認現在的中國至少是不那麼幸福。對這種現實主義的態度，我們需要給予肯定。但還是那老問題：這「幸福中國」是否可能？筆者對此很有些懷疑。

道理很簡單，幸福是一種主觀感受，不是靠他人強加而能得來的。物質上的改善只是某些相對的條件，決不會構成人的幸福感的充分條件。喝白水唸經的修行人與要喝香檳的老闆和要喝可口可樂的年輕人的幸福感肯定是不一樣的；而有汽車開但卻呼吸著嚴重污染的空氣，顯然也不會感到很快樂……

從一般意義上講，現代人包括今日中國人所普遍具有的某種生存意義的焦慮，與現代文明的特質有關，自然不是靠什麼某政黨的

政策能夠解決的。至於當下許多中國人獨特的不幸福感是與中國特殊的情境相關的：污染、腐敗、社會不公、失業、安全的缺少、物價的上漲、住房的困難等都是眾所皆知；此外，對一些人來講，生活水準改善後，個體尊嚴，表達和參與公共事務等方面的要求大幅提升，得不到滿足，帶來嚴重的挫折感，也是其缺少幸福感的一個根源。

上述這些造成「不幸福」的原因，是需要整體的改革特別是政治改革的推進才能有所消解的，而當下「幸福中國」的提法把重心多半放到民生方面，顯然是藥不對症，也就注定難收其預定的成效。坦白說，「和諧社會」畢竟還具有某種與傳統有些相承的地方，也較易理解。與其相比，「幸福中國」就顯得更加空洞、縹緲、虛浮。口號看似現代，但這種國家確定藍圖和生活方式的做法的背後所隱現的思路卻依然讓人感覺陳舊，帶有舊時代的色彩，與這個體制搞運動的傳統做法一脈相傳。

事實上，現代人的本質是自由的，需要自己來確定什麼是幸福，國家只扮演那種自由框架的守護人的角色，不能越俎代庖地告訴人們什麼是幸福，什麼不是幸福。因此，姑且不提那些目標是否能達到，即便環境和民生有所改善，如人們的權益得不到保證，無權自由表達，人們照舊是難以感到幸福的，所謂「幸福中國」也就依舊是空中閣樓。

「中國夢」如何成真

作為一個包羅萬象的提法，「中國夢」之大讓人覺得有些不

著邊際。如對照一下七年前「建設和諧社會」的中央決議，其中相當大部分提法並無大的差別。如果說「中國夢」有什麼與以往不同的地方，可能就在於其對國家強盛、統一、主權完整方面的強調。這是幾代國人的希望，無可厚非。但事實證明，沒有堅實的制度基礎，沒有公民的自由與社會的公正，即使一時強盛，終難保其長久。遠例不提，蘇聯可謂一近鑒。誰敢說今日中國已強大過以往的蘇聯？而即便強盛，如果缺乏必要的權力制衡，誰又能保證中國不會走上德日意當年的老路，給世界也給自己的人民最終帶來災難？須知：當年這三國都曾以各種不同的形式高喊過其「偉大的民族復興」的。

官方一再強調「中國夢」的核心價值是愛國主義，這本身就值得討論。愛國的情感是自然和合理的，但愛國至上就是偏頗的。愛國之上必須有更高的價值標準才能保證這種愛國不淪為偏執和狹隘的認知，不成為權力的自我標榜、論證的工具。提倡愛國的國家不一定都是腐敗專制的，但專制腐敗的政權卻都以愛國為標榜，這也幾無例外。問題是，希特勒與那些反抗希特勒者的德國人誰更愛國？周遊列國，道不行便要乘桴於海的孔子是否該被今日一些人罵為漢奸？愛國不絕於口卻出賣國家利益，把貪污的錢財以及子女送往海外的大小官員們和那些因批評這種現象被迫害的人士兩者之間，何者又是真愛國者？……這些卻都是我們不能不加以思考的問題。

支撐一個偉大文明的價值從來是與人的尊嚴、權利、社會的正義等超越的價值相關的。中國文明的價值核心是仁義信愛。中國文明的復興也只有在重新確認這些價值並將其與現代的民主、權利、

法治等價值和制度很好銜接時才真正可能。只有在符合這些價值時愛國才有意義。將落實公民權利作為其核心，「中國夢」就會成為激發巨大能量，除弊興利，再造河山的理想；而公民權利得不到很好地落實和保障，「中國夢」就是場新「忽悠」，一場注定要破滅的幻夢。

但願「我很幸福」「我被幸福了」等不要很快成為網民嘲諷的新語彙；而中國那「癡人說夢」，「黃粱一夢」「白日作夢」等成語典故，也不要被人用到有關「中國夢」的談論上來。一些權貴們更不要以為「我撈實惠，讓老百姓去做夢吧」的把戲可以玩弄許久。歷史不會給中國很多時間了，「夢」破之日，或許就是大潮將起之時。

從「貓論」到「鞋論」
——評習近平在莫斯科的相關講話

BBC 2013年3月26日

習近平在莫斯科一番「鞋論」（發展道路要像鞋子穿在腳上才知道是否合適），引起眾多議論，這恐怕是其當年在拉美那番「吃飽論」（西方一些國家吃飽了沒事幹，批評中國人權）後又一次用通俗語言表達的某種重要的政治理念，在其正式成為國家元首後，提出這樣的看法，攸關國家未來，值得做些辨析。

「貓論」

改革三十多年來，最著名的提法可能就是鄧小平的「貓論」（不管白貓黑貓，抓住耗子就是好貓）。客觀講，這種典型的實用主義哲學，在文革後期尤其是文革結束後一段時期，針對那種意識形態掛帥，烏托邦主義盛行的狀況，對解放思想，擺脫教條，推動中國的改革開放還是起過相當大的正面作用。那是一種與毛式的政治浪漫主義本質上恰恰相反的東西，因此對糾正文革等毛留下的負面遺產就具有特殊的功效。

弔詭的是，這種反毛式意識形態的批判思想，反過來成為新的意識形態，國家哲學，近三十年來的國家政策基本以此為指導，「發展是硬道理」，雖也提綜合發展，事實上是經濟至上，GDP第一，其他都不重要。這種徹頭徹尾的實用主義的偏頗，所帶來的負

面效果，今日暴露的一覽無遺，從環境、管理到道德甚至經濟領域本身所凸現的危機，已嚴重威脅到中華民族的未來。

筆者多年前就曾多次提及：一種文明是一定要有堅實的價值系統的，用一種實用主義哲學是無論如何不能撐得起以一個文明巨廈的。實用主義的態度有其合理性，但它決不能成為價值系統的全部和核心；沒有價值系統的文明將是十分可怕的，後果將是災難性的。以在西方具有實用主義傳統著名的英國人來講，你只要看看奧運開幕儀式上所傳達和展示的一些信息就知道，那實用主義絕不是他們的價值系統的根本，在其之上是有更高的價值來平衡和指導的，與鄧氏這種單一尺度的實用主義絕然是不同的。從某種意義上講，中國要走向未來，就必須對這種「貓論」進行必要的清理，重建一種新的國家哲學和價值系統。

「鞋」論

而這些，是習的前兩屆都未完成或者說是不想、不敢完成的任務。現在，習近平首站出訪，在莫斯科提出的這種「鞋論」，如果其目的是為現行中國模式論證，就不能不讓人感到失望。因為，如果說，當年「貓論」在當時的背景下還是具有相當的批判指向和開拓的積極意涵；那麼與此相比，當下的這「鞋論」就具有明顯的保守色彩，從一個側面顯示出中國執政集團與三十年前相比，現在更缺乏自信，更趨保守，意識形態上更加蒼白無力。

這幾乎是一個很奇怪的現象：中國的官方媒體、領導人、某些體制學人這些年要在國人和外人前不厭其煩，不遺餘力地要麼借人

之口，要麼自吹自播，不斷地重複唱頌中國體制的正確和美好。如果對自己的發展道路、制度充滿自信，有必要如此大費周章嗎？讓人懷疑這恰是內裡沒有信心的一種表現。「走自己的路，讓人們去說吧！」沒了這種自信的人，是不是一定要不斷地念叨「我沒有走邪路、歪路」才能給自己一點繼續走下去的理由和膽量呢？

如果說習先生的意思是強調發展道路的主體性，需要試驗，需要穿鞋者主體對鞋的認可，從這個意義講，「鞋論」不是沒有道理。但接下來的問題就是：誰有資格來評定穿在中國人腳上的這鞋（制度和發展道路）是否合適？僅憑執政黨，黨的領導人？顯然是說不通的。對那些官商權貴來講，現在這鞋不僅穿得很好，而且是大好、特好：世界上有多少國家能讓他們如此放肆地貪污腐敗，揮霍河山，巧取豪奪，視民如草芥，甚至如「屁」——零八年那褻瀆小女孩不果，卻大罵女孩家長「你們算個屁」促成「屁民」一詞誕生的局長，難道不正是穿這種鞋穿慣了，穿太舒服了的表現嗎？

可對那些毫無權力，利益嚴重受損的階層，當下這鞋就不僅是穿著彆扭，而且是痛苦不堪，恨不得光腳才痛快。麻煩的是，他們卻沒有絲毫選擇的權利。就像文革時我們常能穿的只有黃膠鞋、黑皮鞋那麼幾種，那顯然不是人們自願選擇的結果，是被迫的。因此，泛泛地談中國人都認可穿現在這鞋（發展道路和制度）是毫無依據，不能讓人信服的。要看誰來評價。

事實上，現在腳上的鞋到底是否合適就已大成疑問。各種危機因素已在明確地顯示現在穿在中國人腳上的鞋不管是被迫穿上的還是當年選擇的，都已經是破綻百出，讓人走起路來歪歪斜斜，很難順暢和堂堂正正；那環境的壞損，道德的崩潰，腐敗的氾濫，官員

的跋扈⋯⋯豈不都是明證?

　　而話說回來,即使過去合適的鞋,也很難說就此永遠合腳,哪個做過父母的人不知道這個道理:孩子的腳大了要時時換鞋。這是常識,甚至是比習先生這說法還要不容置疑的道理。經過三十多年改革開放的中國,經濟與社會空前活躍,與世界的交往高度密切,年輕一代在成長,還用那老鞋繼續套中國前行的腳,難道還要把中國再造成八寸金蓮式的畸形不成?其實,假如我們把「鞋論」推論到底,是不是中國早就到該換換鞋、試試新鞋的時候了?

　　人們如果覺得鞋不合腳,要換鞋,其實也是非常正常的反應,更應該是一種做人的權利。但在中國現在的政治結構下,如人們要換鞋,習先生能不能允許人們有這樣的表達權、選擇權,且率執政黨順應民意,棄舊鞋而新就,穿新鞋走新路?這恐怕就是問題的關鍵,是習先生是否真信他的「鞋論」的一種檢驗。

「人論」

　　無論是貓論、鞋論,其根本的缺陷都在於缺乏一種「人論」,缺乏一種以人的尊嚴,人的權利為標準的價值系統。貓是人養的,能抓耗子是好貓,但它如同時也擾人,傷人就不是好貓,衡量標準要全面;鞋是給人穿的,服務於人的,人要有權利選鞋、換鞋、穿鞋、脫鞋。沒有這樣一個以公民權利為主導的鞋論,習先生的這種鞋論就難免不成為官方拒絕變革的托辭。

　　以幾年前官方提出的所謂「以人為本」論來講,因其中內含了一個根本性的缺陷,就是「以人為本」的主體是黨,領袖,國家,

「我」來以人為本,(邏輯上我也可以「不以人為本」)公民的權利沒有落實,公民沒有主動權和決定權,這種提法最後流於空洞無物,無法完成矯正「貓論」遺下的負面遺產也就是必然的。如果習氏的「鞋論」不就公民權利的增長做出正面的回答,將淪為人們嘲笑和譏諷的對象也將是確定無疑的。

　　　失去方向的中國

歷史遺產、時代課題與轉型期待

2012—2013

毛的悲劇與中國的悲劇

.... BBC 2013年12月24日

　　毛的一生是齣跌宕起伏的戲劇，與二十世紀的中國歷史息息相關，他在中國悲劇性的歷史中成長，獲取權勢；亦參與製造了無數個個人和家庭乃至整個民族巨大的悲劇，最後，亦悲劇性地走進歷史。對走向新世紀的中國人來講，如果不能很好地體認毛的悲劇與中國的悲劇的成因與關聯，戒惕警醒，悲劇或許就會再度上演。因為，造就這些悲劇的諸多因素依舊存續，而這或許才是今天我們要認真思考毛的現象的意義所在。

個人的悲劇

　　一個人一生的悲劇或許最能用他晚年的境遇來說明：在其權力看上去達到無可比擬的強勢、被人奉為神明的晚年，真實的毛卻像許多專制獨裁者一樣，眾叛親離，孤家寡人，病弱不堪。因擔心背叛和身後被清算，疑懼和猜忌噬啃著他的心靈；對自己孤注一擲發起的事業能否得到歷史的認可也滿懷焦慮。

　　這是一個一生追求權勢，卻被追求到手的權勢所侵蝕、毀滅了的人。他過度的自信和性格上的自戀，加上他那些早先的同志後來的臣僕們的吹捧，讓他相信具有神啟的德行和能力，代表正義，能夠按照其意志改變中國和世界。

　　從這種混合了中西、傳統和現代的某些思想資源而成的意志

主義出發，他試圖改變人性，建造人間「大同」，「六億神州盡舜堯」，將以康有為為濫觴、嫁接了西方粗俗的左派思潮而成的近代中國烏托邦思想付諸實踐。但到頭來，他卻連自己的人性也絲毫未能改造，相反，深諳人性陰暗一面的他，在具體的政治操作上，利用人性的醜惡縱橫捭闔、恩威並用、奪權固勢，不僅毒化了他自己的心靈，也極大地敗壞了中國人的道德。

他生活在現代，卻悲劇性地缺乏對現代文明的瞭解；他曾是五四青年，也學習了一些新鮮話語，但思想的底色卻只是中國的傳統，甚至是底層傳統；在一個落後的國家奪取權力的成功，強化了他思想的落後；對現代文明的無知，反過來成為他反現代的論證。

這種種他有關人性和世界的認識上的矛盾和問題，決定性地形塑了他個人的悲劇，也是他主導的造成中國的悲劇的各種政策和實踐的認識論上的根源。

中國的悲劇

近代以來，在西方現代文明的衝擊下，中國傳統的精神、政治和社會的世界逐一崩解，毛作為一種現象是在這種巨大的轉型中產生。一方面是禮崩樂壞，傳統的政治和價值權威不再，巧取豪奪、爾虞我詐、爭強鬥狠，可謂司空見慣。

另一方面，重建國家的富強，文明的秩序，民族的地位成為人們不斷探索的主題。超越的價值被民族主義的目標替代，病態的敏感自卑和虛幻的驕狂自大並存，自詡文明卻常常舉措野蠻；對舊文明愛恨糾結，明棄暗守；對新文明即羨又厭，欲納還拒。這些都成

為文明秩序崩解後一種普遍的集體心理表徵。

毛是這時代產物，是這種文明危機的一種體現。他集霸氣、流氣、文氣於一身，以超出他人的意志力、狡詐和權謀，不僅消滅了黨內的挑戰者，也最終戰勝了蔣介石這依然恪守些儒家訓條的政治對手。一齣大變動時代典型的野蠻戰勝文明、氓痞凌駕君子的舊戲。

不同的是，毛不僅回應了人們對傳統時代的穩定和光榮的懷念，同時也利用了人們對現代文明的渴望來成就其現代帝業，統馭人民。他高聲宣告「中國人民站起來了」，事實是，在他的治下，能站起來的只有他一人，乃至他最重要的助手之一，堂堂總理周恩來，都要奴顏婢膝地跪下來為他指示行車路線。

而早在他宣示前的數年，在「開羅宣言」發佈的那一刻，中國人在全世界人面前已完成其莊嚴的站立，那是億萬國人浴血抗戰的結果。而沒有日本人提供的這機會，中共和它的領袖毛，卻是注定要消失在二十世紀上半葉歷史的煙塵中。

靠千千萬萬農民的犧牲得了政權，毛卻在執政後將其變成現代農奴，讓他們在現代再領教那種人肉相食的饑荒慘劇；以自由和民主的承諾，贏得市民和知識階層的擁戴，卻調轉頭來剝奪其財產和自由甚至是生命。人民只是他用來裝飾的辭藻和驅使的工具，成為他滿足內心浪漫衝動、畫「最新最美圖畫」的廉價畫料。

對文化，他抱一種虛無主義和工具主義態度，缺少基本的敬重，以自己的偏好和政治需要褻瀆文化，文明等同糞土，雅致讓位粗俗，才有「不許放屁」入詞，那億萬人必須學習背誦的領袖名句。對知識分子的迫害和對文化踐踏的後遺症是，至今，一種痞子文化依然在中國大行其道。

毛的遺產與中國的未來

今天，人們越來越清楚，由毛主導的用最新的名義展開的革命，內裡卻是一個很老舊的改朝換代的故事；構建的制度，是一個數千年已存的體制與現代極權的嫁接。他靠犧牲數十萬中國軍人維持的小兄弟朝鮮至今還在時時刺激我們有關這種制度的記憶和思考。

毛自認成就的偉業「請日本人回家」，早已成為一種貪天功為己功的笑話；「趕蔣委員長去島上」，事實上也只成就了某一集團、某一些人的功業，歷史證明，國人得到的卻是幾十年的困苦、創傷和奴役；至於「文革」，那是連其後繼者都不諱言的災難，遺下的是許多物質和精神的廢墟，以及人們的痛悔和思索。

用所謂「動機是良好的」來為其開脫，不管是出於政治需要，還是源於某種認識上的模糊，邏輯上都是荒唐，道德上也是不能被接受的——如此，所有罪犯何人不可做無罪自辯？誰又需承擔行為後果？希特勒難道不能以此方式來要求歷史赦免？

毛的功勳只相對於某個集團，某些人，不屬於全體國人。但毛造成的悲劇卻屬於中國歷史，遺下的影響卻需全體國人認真對待。毛是一種病理表現，當他被記起或引發爭論之時，常常傳遞著社會病症危機的徵候；毛也是一個指標，從一個側面量度著中國人的精神狀態和邁向現代的進程。

「毛的孩子們」有兩種：繼承者與批判者。前者即使受盡虐待，卻無法也不想掙脫其陰影的籠罩和對其病態的依戀；毛是他們全部的青春和生命的意義。後者從幻覺的破滅，從國人的苦難中覺醒，開始為自己和國人掙脫毛造就的政治和精神枷鎖而奮鬥。至於

那類內心不認可毛，外表卻權謀地崇拜者，事實上與前者大同小異。

不難理解在巨大的文明的崩解和再造過程中，那些精神、政治和社會上無以寄托的人們試圖抓牢某種依靠、投射某種寄托和懷戀的心理。但切記，毛所製造的穩定和平均，都是以巨大的奴役為代價的。而以階級鬥爭為政綱，一生與人鬥「其樂無窮」的人，也絕不應成為一個民族的精神導師，除非這個民族想再墜地獄。

當中國真正進入現代社會，中國人真正爭得自我，贏得一個現代人所具有的精神自主和尊嚴，當主張愛的宗教在中國獲得信仰自由，當中國的社會公正因法治和民主的建設得到長足的進展，毛終將會從人們的話題中淡去，留給歷史學家去談論那段悲劇及其教訓，而未來中國的命運很大程度上也取決於這一天能否早日到來。

鄧小平和撒切爾的遺產

陽光時務51期 2013年4月17日

　　也許，作為冷戰後期的世界領導人，從性格和執政風格的強硬上講，最相近的可能就是鄧小平和撒切爾（又譯，柴契爾）夫人了。這兩者分別開啟了一個時代，其政治遺產至今對我們的生活乃至明天的世界產生著深遠的影響。

　　一個是共產中國的最高領導人，一個是自由資本主義起源地英國的總理，看上去他們的意識形態針鋒相對，毫無共同之處。但事實上，鄧氏與撒氏卻有某些類似的執政理念，也都從各自角度對一個世界趨勢做出了歷史性貢獻。那就是，不管主觀意願如何，一個從內部，一個從外部，他們都深深地參與瓦解了世界範圍的共產主義運動。他們的出現本身是一個多世紀以共產主義運動為標誌的左派運動衰萎的表現；同時，也由於他們，這一趨勢更加得以強化，不可逆轉。

　　1979年，當著撒切爾夫人走進唐寧街10號的時候，不僅昔日大英帝國的榮光不再，即使是英倫三島內部的情景也是每況日下。外有蘇聯帝國的壓力，內有福利過度造成的經濟疲軟停滯，這出身中下層，一生遵奉從父親處得來的「工作，嚴格，努力」等信條的英國第一位女總理，開始了其大刀闊斧的改革，啟動了世界範圍內一波新自由主義浪潮，直接間接地催化了共產主義陣營的崩解。

　　幾乎與此同時，三度出山的鄧小平開始推動其改革開放政策。與熟讀哈耶克「到奴役之路」並奉為圭臬的撒切爾夫人不同，不喜

讀書的鄧小平認識卻多半來自於常識、直感和經驗，來自於對毛失敗的意識形態教條的一種本能的反動。當撒切爾強硬地以資本主義體制的合法手段在大規模的罷工前毫不退讓的時候，鄧小平乾脆以社會主義制度的名義取消罷工權；當前者在大力強調自由對社會活力和創造的重要時，後者在努力鼓吹「讓一部分人先富起來」，顯然，儘管各自的出發點及其背景不同，但其背後都是一種效率優先的政治和經濟邏輯，社會公正被置於相對次要的地位，世界思潮開始轉換。

當撒切爾夫人和里根（又譯，雷根）在西方重新豎起市場競爭的旗幟，用自由、繁榮和創新重創蘇聯陣營的時候，鄧小平的中國對文革的揭露，實用主義的改革帶來的成效，也給西方的浪漫左派們上了一堂大課，徹底毀掉了他們對毛式烏托邦最後的幻想。一場世界性的左派大退潮加速，直至將柏林牆衝垮，將蘇聯解體。

但畢竟，英國的體制與中國的體制還是有根本的區別，撒切爾與鄧的理念也有某些本質的不同。由於英國的體制，撒切爾改革的某些偏頗，可由布萊爾的新第三條道路來做某種補救和矯正，雖然事實上，正如法國《世界報》就撒切爾夫人去世所發表的社論裡所說，布氏的第三條道路也「不外乎是一種更文明些的撒切爾主義」。

而與撒切爾不同的是，鄧小平不僅相信市場，更迷信權力；打左燈，向右轉，說一套做一套，實用主義至上。他只允許畸形的半自由化進程，讓權力和市場雜交，這既造成了中國經濟的巨無霸，也帶來今日中國的環境，道德，社會等空前的危機。毫無節制的權力機制不僅是「六四」屠殺的根源，也是造成中國慢性自殺的腐敗

痼疾的成因。公民權利的虛置,法治的脫軌,政治矯正機制的缺失,使中國正危險地滑向某種不可預測的境地。

中國到了必須清算鄧小平遺產的時候了。自由化需要繼續,自由化又同時需要調整,這是中國獨特的雙重挑戰。而零八年的金融危機,宣告了世界範圍內新自由主義浪漫時代的結束。惡化的全球生態,急迫地召喚新的全球治理機制。共產主義烏托邦可釀成災難;視市場為萬能,也一樣可帶來嚴重的後果;國家和市場都需要重新合理地界定。

推動冷戰結束那一代的政治領袖多已謝世,在鄧、撒開始推動改革的時代開始成長的年輕一代政治家已走向前台,他們能否有新的視野和新的思維,撒切爾、鄧小平的魄力來矯正撒、鄧遺產中的負面成分,重新導入社會公正的價值尺度和新的治理觀念,為這日漸繁榮但也面臨嚴重挑戰的世界帶來新的轉折,人們亟待得到回答。

毛左的罵人、打人與殺人

動向, n°331, 2013年3月號

最近國內一件引起很大關注的事件是網絡作家李承鵬簽名售書被打，被罵乃至被扔菜刀，給不斷出現的一些圍繞公共人物的打人，罵人事件的單子上又添了一起，引起廣泛爭議。

值得高度關注暴力趨向

近年來，網絡上的觀點爭執和語言暴力有愈演愈烈的趨勢，且開始有向街頭浮現轉移的趨向。歷史多有證明，在沒有健全的制度保障和寬容的文化傳統的社會，一旦某種有意識形態基礎的語言衝突發展到一定程度，一場大規模的社會衝突將很難避免。從這個意義上講，李承鵬被打帶有些預兆性，值得我們高度關注。

在這起打人事件中，有一個重要的不同於一般的民事衝突、暴力事件的特點是，打人者將這種暴力的實施正義化——打的是「漢奸」！既要罵，也要打。這與前一段北航副教授、著名的毛左人士韓德強毆打八旬老人時所持的理由如出一轍。問題是，且不說這些動手打人者把自己當作正義化身、民族精神的捍衛者的正當性本身令人質疑，而假設即便挨打，被打者也仍持原有立場，毛左人士下一步該當如何呢？打人後沒有絲毫懺悔的韓德強給出了答案：接著打！

一個邏輯上的問題就是，再下去，這些人依舊打不服那又該如何處置？一些毛左崇拜的毛當年的做法就是將其監禁或是殺掉。

在毛的思想和政治實踐中，以革命的名義，為維護個人的絕對話語權威，將那些意見相左者甚至是戰友殺掉的事例比比皆是。其專政思想的核心說白了就是打人，殺人，以造就某種思想和政治定於一尊，絕對服從的狀況。

這樣看來，主張繼承毛的毛左們在其網站上公開宣佈要吊死一些與其意見不同的自由派人士看來也就順利成章。著名毛左張宏良等宣稱要大殺一批，薄熙來內部講話稱六四殺人不夠，準備殺三千人保重慶的穩定等，顯然都是這種邏輯自然的結論，不讓人意外——不這樣想，反倒奇怪，是在離開毛的路線了。

毛左的暴力傳承

這種語言和身體上的暴力所造成的惡果，文革過來人多有過體驗。問題是，出於權力的需要，文革後當政者從來沒有認真檢討清除過這種毛的暴力思想。八十年代民間在檢討文革的成因和惡果時，曾大力提倡過法治和源自自由主義的寬容精神，《論寬容》也曾一時成為過暢銷書。但這種努力從本質上與依然將毛奉為政權的合法性來源的政權相衝突，受到各種程度的壓制。一種提倡寬容、尊重他人不同觀點的文化並沒有在中國得以確立。且不說八九年國家動用軍隊武力鎮壓學生的意見表達那一幕，就是近些年來，官方採用黑社會的手段，強制拆遷，打壓維權人士的事例比比皆是，幾篇文章便可讓人入獄多年，法治始終未能獲得必要的權威，這些都是暴力文化在中國繼續蔓延且有愈演愈烈的趨勢的意識形態和制度成因。

九十年代後興起的新毛左，雖不握有權力，但在承續毛的民粹旗幟的同時，也在意識形態上繼承並繼續宣傳毛的專斷思想。雖然對主政者，自由派與毛左都持批評的態度，但出發點和著眼點各不相同；而在對待自由派的態度上，主政者卻又與毛左們取大致一致的立場。由於體制的關係，毛左們可以理直氣壯地借用毛的資源，靠打毛的旗幟合法地擴大影響，（搞紅色旅遊，倡紅等都是官方所提倡）打擊他人，（用一個侮辱、詆毀偉大領袖的罪名就具有足夠的正當性。韓德強毆打八旬老人的理由就是「誣蔑開國領袖」），而不必擔心有什麼大的麻煩。雖然官方也提防毛左可能造成的問題，但因需要這種打手般的力量來沖淡、平衡、削弱自由派的影響，事實上有意無意在縱容毛左的發展，乃有司馬南、孔慶東、張宏良等招搖過市，被些官員禮為上賓，隨意罵人甚至是主張打人而無所顧忌的現象出現。儘管過去鄧等領導人多次重申極左是中國的主要危險，事實上，在他們心裡，真實的想法是自由派才是他們主要的危險，毛左們畢竟是一家人，是要維護現存江山，只是對做法有不同的意見。而自由派則主張從根本上改造體制。這就是為何當年鄧小平雖對幾位左王們不滿，但從未像對待胡趙這些具有自由傾向與自己意見不符的領導人那樣嚴厲的道理所在，也是今日孔慶東罵人、韓德強們打人，造成如此惡劣的影響也不受任何處分懲治的根本原因。

和平的未來需要基本的文明準則

　　大轉型時代，利益分化和思想多元都是難以避免的。由於中國

政治改革的滯後，造成這種分化和多元沒有恰當的制度渠道去抒發表達，各種矛盾以畸形的方式表現出來，不同的社會力量非正常地鼓噪、湧動、撞擊著。暴戾之氣在迅速地積蓄。中國亟待建立一種寬容、相互尊重、法治的文化，以避免中國再經歷一場破壞性的巨大衝突。從這個角度講，即使是不贊同自由主義觀點的人士，也無法迴避自由主義的一個最基本立論：那就是尊重他人的利益和觀念表達的權利，採寬容的態度，用制度性的共識來解決矛盾。「我不同意你的觀點，但誓死捍衛你說話的權利」。

我們知道，自由主義在西方誕生就是與宗教衝突的歷史相連的。是付出巨大代價後，在尊重他人的信仰，提倡寬容中，自由主義奠定了其最初的合法性基石，開始了其漫長的征程。不管其中經歷何種曲折，變化，對個人權利的尊重和對寬容的提倡一直作為核心直至今日，沒有受到動搖且也一直是得到人們認可贊同的關鍵所在。所謂原教旨主義 (註1) 與其它信仰方式的區別也就在這裡。當韓德強說毛就是他心中的穆罕默德，而「打的是漢奸，不是人」時（見南方人物週刊對其的採訪），不知道他是否意識到，他事實上已經從語言上，消滅了對方存在的理由，「殺掉」了對方，是在用一種典型的原教旨主義思維和語言在思考和表述，而這種思維和語言歷史上乃至今天給世界和一些民族帶來的危害難道不也是有目共睹？

罵人，打人再到殺人的界限從來都是很容易逾越的，只要唯我獨尊，以我是真理的化身、道德的代表且不容他人不同的立場，這種逾越便很可能在某些條件下自然地發生。對視猶太人只是些豬，不是人的希特勒來講，毆打，把他們送進煤氣室難道不是很合

邏輯嗎？如果中國還希望有一個和平的未來，就必須再次重新提倡不罵人、禁止和懲罰打人這些基本的文明準則，借此預防、消弭殺人的可能。任何人，只要隨便罵人、打人，哪怕是自謂自由派，事實上也在背離自由主義的準則。從原則上自由主義就是反暴力的，只有在對抗踐踏公民權利的公權力、爭取自由的某些特定情景下，某些暴力反抗才具有合法性。而只要不主張絕對地尊毛，不准他人反毛，批毛，今日中國毛左的一些觀點也都應有存在的理由；而自己願意尊毛，但能寬容他人反毛，批毛的人士，事實上也就在遠離毛，某種意義上也就不再是純粹的毛主義者。這樣的「毛派」，只要頭腦清醒，最終應該會認可一個提供利益表達機制，保護各種表達權利的憲政體制並為之努力的。

註1：原教旨主義，指那種在許多宗教信仰與實踐中都可以見到的一種極端的傾向，它堅持一種排斥任何對其所屬的宗教的文本、神聖原則所做的理性詮釋及發展教義的立場，且常常採敵視任何不同於其立場、教義解釋及實踐的本宗教或其他宗教信奉者或非信教者。

憲法不是雜貨鋪
——兩會之際談修憲

BBC 2013年3月4日

　　兩會召開在即，習近平主持政治局第四次集體學習，再次高調強調憲法的權威性，依法治國的必要。但社會反應平平，幾乎沒激起任何反響。這種狀況，是執政黨及其領導人長期不尊重憲法、破壞憲法，視憲法為工具甚至是兒戲、公民權利得不到落實的必然後果，也是中國憲法長期缺乏必要的權威的自然表現。中國能否在今後數年，通過修憲，行憲，形成一種和平的憲政運動，落實憲法規定的公民權利，再造憲法的權威以及權力的合法性，塑就國家與社會的某種良性互動機制，這是攸關中國未來命運的一個大問題。

危險的冷淡

　　十年前，2002年12月4日，在胡錦濤已任總書記，尚待接任國家主席之際，也曾像習近平那樣在憲法頒布二十週年紀念大會上高聲宣示過憲法的權威，依法治國的必要性，其表述的言辭與習近平此次的相關說法幾乎毫無二致，如出一轍。也曾在稍後12月26日組織的第一次政治局集體學習上，請專家來以「認真貫徹實施憲法和全面建設小康社會」為題做報告，再次高度強調憲法的重要性。這在當時曾引起一片熱烈的討論和讚揚之聲，激起人們的一番憧憬。

　　十年中，隨自己權力的逐漸穩固，以憲法制衡江澤民一系的需

要減少，胡錦濤宣講憲法權威的聲音也越來越小，同時，由於法治不彰，吏治潰爛，中國積累的問題日多，造成今天這幾乎是弊端積重難返，社會危機四伏的態勢。政權威信急劇失落，合法性缺失，因政法委權力的惡性膨脹和胡作非為，法治權威喪失殆盡，法治建設全面倒退，解決社會矛盾機制缺失，靠那種飲鴆止渴、短線思維的維穩方式，終於僥倖地撐到胡平安離任，但遺下的問題，也讓習一任從開局伊始就面臨一種要持續地應付危機的狀態。

為扭轉這種局面，習重打起「依法治國」「尊重憲法」的旗幟。不管是其發自內心的想法還是其前任在憲法問題上的故技重施，忽悠人心，麻煩的是，世事遷轉，人們對這類說辭已興趣索然，不再抱信心。一種對現存憲法及其整個體制危險的冷漠在蔓延。而在這種冷漠之後，一股巨大的革命熱能正在醞釀之中。如何在這種能量爆發前重建某種社會認可的制度框架和國家權威，修憲，圍繞憲法的修改來重建改革的共識，加速司法獨立的進程，落實憲法規定的公民權利，借此重建各種社論力量對話協商的制度空間，幾乎是唯一的途徑，已成刻不容緩的工作。

雜貨鋪式的憲法

因此，儘管就政治現實來看不能抱浪漫幻想，但今後一段時間的演變還是值得我們觀察，其中現行制度中的兩會就給了我們提供了測度這方面是否有所進步，能否還寄些希望的一個指標。這次兩會，要完成人事的最後更迭，這已是人所共知，但有另外一個議題尚不清楚，就是是否會進行八二憲法頒布以來的第五次修憲，把所

謂的「科學發展觀」這胡錦濤的招牌思想納入憲法。

依據以往的慣例，鄧小平思想，「三個代表」等都分別作為上屆領導人的政治遺產，保持影響力的途徑在領導人離任後被納入憲法。此次，胡思想的「科學發展觀」在十八大被納入黨章，被捧為「執政黨必須長期堅持的指導思想」後，很有可能在這個黨國一體、黨章直通憲法的國家，被納入憲法，「使其成為指導國家生活和社會生活的憲法原則」（見「科學發展觀入憲的重要意義」(十八大專論一)等文章）。政治上裸退的胡錦濤，國家指導思想上卻可能全部留任。

客觀講，鄧小平理論，「三個代表」，科學發展觀等這些說法在中國當下的具體歷史進程中不是一點正面意義沒有，這尤其體現在它們所具有的顛覆先前的國家哲學如馬列主義、毛澤東思想的功用上。但問題是，憲法是一個國家的根本大法，所要具備的最重要的特徵之一就是非個人性、穩定性、超越性；將這些具有極強現實政治性指向、帶很強個人痕跡的提法入憲，長遠看，對確立憲法權威卻不會有好處，只能有負面影響。憲政的基本原則不是人治，超越一切政黨和個人。中國當下的憲法因人添設憲法原則，根據黨的利益解讀、實施憲法條款，那只是人治的憲法，從根本上就是違背憲政精神。如此，何來憲政在中國的發展？又怎能指望靠領導人的宣示就能確立憲法權威？

與世界上第一部成文憲法美國憲法52字的導言相比，中國憲法的導言幾乎是個近2000字中共黨史和政策宣傳提綱；更糟糕的是，大概世界上沒有哪個國家的憲法中有中國憲法中內含如此多相互衝突的原則和條款，有那麼多含混不清、隨意性極強的表述——如開

篇第一句中國各族人民「具有光榮的革命傳統」，根據史實，反過來說，稱中國是個具有悠久「反（對）革命的傳統」的國家，難道不也是能成立的嗎？鄧小平理論、「三個代表」與講究階級鬥爭的毛澤東思想有些問題上可以說是地道的南轅北轍。而憲法規定要反對的「資本主義腐朽思想」又是什麼呢？

　　中國當下的憲法如果不說是個垃圾箱（從廢品和無用品的意義上講，我們完全有理由將其中部分提法和條款稱為垃圾），至少可以稱得上是個雜貨鋪、大雜燴：各類不同類別的東西雜呈，沒有基本的邏輯和章法。這不能不說是憲法威嚴不彰的一個重大原因。如欲重建憲法權威，在適當的時候，要對此做重大的清理，重新確認憲法的基本精神和原則，圍繞這些基本原則來重新修訂相應的條款。

憲政與維權

　　造成憲法權威喪失的另一個原因，就是名實不符。對照現實，誰能相信中國是個「工人階級領導的國家」？人大政協裡有幾個工人代表嗎？此外，還有一個過去領導人很少涉及而習近平在前一段紀念憲法頒布三十年的講話中提及的原因，那就是：憲法的真正落實的問題。從這個角度講，習最近有關憲法的論述還是有其新意。但這種新意能否伴隨更具體的行動就是關鍵。

　　憲法的落實一方面取決於執政者的意願和行為，另一方面亦取決於各種社會力量的狀況。如果從一種大的歷史角度來審視中國百年來憲政歷程的坎坷，除了有領導者和政治集團犯下的錯誤，戰亂

等因素外，一個很關鍵的因素就在於公民社會的軟弱。這種軟弱從根本上限制了憲政在中國的健康發展。力量畢竟是要靠力量來平衡和制約。

不過，今天，儘管遭受官方的打壓，一個推動中國憲政發展的重要因素在成長，那就是中國公民的維權意識的增長和維權運動的發展。但這個運動能否健康發展，就取決於憲政運動能否在中國真正展開。維權就是用憲法規定的公民權捍衛自己的權益，限制公權力的濫用，因此，它是憲政運動的基礎。而憲政的發展，又是維權得以深入、達成目標的條件和保障。憲政運動與維權運動是一體的兩面；用維權運動去夯實憲政運動的基礎，用憲政運動來保護、提升維權運動的結果和層次；中國的未來是要在這樣兩種運動的推動下，才能展示某種光明的前景。

習近平最該去看的美國電影：林肯

陽光時務 44期　2013 年2月28日

維基解密中披露習近平喜看美國電影，曾與美國大使談其不喜歡張藝謀那些譁眾取寵、價值含混、不知道要說些什麼的作品，而讚賞《拯救大兵瑞恩》（港譯《雷霆救兵》）等具有明確價值取向的美國電影。

筆者近日看了一部由《拯救大兵瑞恩》的導演史蒂文・斯皮爾伯格執導的新作《林肯》。這部獲12項奧斯卡提名的影片，以普利策獎得主，美國著名傳記女作家、歷史學者多麗絲・卡・古德溫（Doris K. Goodwin）有關林肯政治團隊的傳記《競爭團隊：亞伯拉罕・林肯的政治天才》（Team of Rivals： The Political Genius of Abraham Lincoln）作藍本，描述了1865年1月美國內戰後期林肯為結束美國的奴隸制的歷史，推動通過憲法第13條修正案所做的努力。斯皮爾伯格在電影中再次展現了其作為一個偉大導演所具有的那種駕馭宏大題材所具有的獨特能力和人文情懷，而扮演林肯的丹尼爾·戴·劉易斯（Daniel Day-Lewis）讓人歎絕的演出，也極大地強化了影片的藝術效果。雖然從歷史事實來講，電影作了一些藝術處理，也因此引起某些爭議，但還是很好地揭示了十九世紀中葉處於巨變時代的美國所面臨的課題，呈現了那個被美國人認定為「最偉大的美國總統」的林肯如何把握歷史，在挽救聯邦，結束奴隸制，開啟美國新歷史上所展示的思想、人格與政治才華。對處於歷史巨變中的國人及其領導者來講，或許從中能受到一些啟發，得到些有

益的借鑒。

比如，影片從一開始時就提及，對於美國這個民主國家，如何處理歷史造成的奴隸制問題一直就分裂著美國人，甚至因經濟、政治、歷史和文化等因素最終導致南北的分裂及內戰。在經過三十年高速增長、社會日漸分裂的中國，如何避免因這種不斷擴展的分裂而導致以各種形式出現的階層和區域的內戰和衝突，難道不也是中國領導人需要思考的一個重大課題嗎？林肯曾在其著名的演說《分裂的房子》（House Divided Speech）中曾提到：「分裂的房子必不能持久，一半奴役一半自由的政府絕不能持久」（A house divided against itself cannot stand. I believe this government cannot endure,permanently,half slave and half free.）。同樣，對中國這個「斷裂的社會」（孫立平先生語）來講，一些人窮奢極欲，視民如土；一些人在貧困、苦難中度日如年，求救無門，這種狀況下的政府又豈能永續？

受馬克思主義的影響，國內有關美國內戰的解釋多半是一種經濟主義的。但正如我們從電影中感受到的，在結束奴隸制這一點上，最深刻的動因是道德上的，是那種偉大的人類良知。美國立國精神從根本上推動著這場美國的巨變，為後來美國的騰飛奠定了基礎。林肯體現了這種良知，這種道德的力量，才顯得偉岸高大，穿越時空，不僅屬於美國也屬於人類。只要這個星球依然運轉，太陽還在照耀，人類繼續生存，這種道義的精神就不會失去光彩，林肯還會是那種讓人敬仰的燈塔般的人物，引領著方向。

深受鄧小平的實用主義思想影響，將所謂「發展為硬道理」作為教條，正義缺失的中國，已成某種道德的泥潭，道德已成為稀缺

資源。精英尤其是領導人們所欠缺的，正是林肯那種感人的道德力量和遠見。但是，作為政治領導人，正如電影所向我們展示的，林肯卻沒有被這種道德感所遮蔽，用其代替政治。他深知政治利益的現實性，運用各種技巧意志堅定地去推動一種符合正義原則的目標的達成。他的道德力量讓人折服，增加了他的權威和說服力；他的那種深刻的簡單、與人的親善來自其內心的信仰，不是政客式的表演，顯得雋永，溫馨和自然……這一切都恰是一個偉大政治人物的才華和品格的體現。

有消息說，習近平在南巡的一個內部講話裡，遺憾蘇聯垮台時幾千萬黨員竟「沒有男兒」來力挽狂瀾，拯救體制。此言若真，那習先生可謂大錯矣！事實上，蘇聯也不是沒有人試圖挽救舊體制，「八一九」政變就是例證，正如美國南方奴隸制的捍衛者也不是沒有浴血奮戰維護在他們看來覺得合理的、符合慣例和歷史的舊制。蘇聯的垮台從根本上是因其不符人性，不符道義，不符現代文明的巨流，失掉了——用托克維爾描述法國大革命前舊體制和貴族階層時的話講——「人心，那最有力的資源」，甚至連那些黨員自己也不再覺得這體制有存續下去的理由，乃致崩頹，這不是幾個人想支撐崩塌的大廈就能做到。一如我們回溯歷史，哪怕再經曲折，從歷史的角度看，美國的奴隸制能難逃覆亡的命運嗎？歷史儘管沒有絕對的規律，但現代文明還是有基本的指向，那就是人的尊嚴、自由和權利的提升。想抗拒此的人物和政治力量，終將被歷史的颶風席捲而去。而所有為此有所貢獻、減少了不必要的成本的人特別是政治人物，歷史都將致以敬禮……

行筆至此，筆者覺得，當下，喜歡美國影片的習近平先生最該

去看的美國電影就是這部——《林肯》！

（發表標題為「習近平應該向林肯學習」）

五毛現象將加速中共敗亡

陽光時務 43期 2013年2月21日

「五毛」現象包括這詞彙是近幾年才出現的，從一個側面折映著中共深刻的管治危機。一方面，由於網絡的出現，傳統的信息和表達渠道的壟斷不再；另一方面，「依法治國」還是所謂的國策，門面還要做，也不能像過去那樣徹底扼殺人們表達的權利。因腐敗日熾以及公民自主意識的日增，人們批評的聲音高漲，但又不能任其發展，佔據網絡代表的輿論空間，於是，宣傳和維穩的官員們在舊有的「引導輿論」的思路基礎上與時俱進地發明了「五毛」——所謂「網絡信息員」等做法，在網絡上用網民的身份出現，監督其他網民，同時對那些批評的聲音、與官方不一致的看法進行誹謗、侮辱、壓制、稀釋，用些似是而非的信息和觀點混淆視聽，扮演忠貞愛黨愛國的角色，營造某種氛圍，為領導人和現行政策歌功頌德……

不過，也許中共領導人沒有意識到的是：這種做法，表面上好像贏得一些輿論陣地，維護了政權，但從歷史的角度看卻只會加速政權的敗亡。

道理其實也很簡單：所有正確決策都取決於對真實信息的攝取以及由此做出的相關判斷，這不論是對從事經濟還是政治事業的人都如此。現代社會是一個信息社會，變動不居，沒有任何一個企業家或政治家能夠在虛假、不完整的信息基礎上做出有效合理的決策。五毛們參與造就的所謂社會輿論是不真實的社會輿論，五毛們

所表達的憤怒或喜悅也是無人能確認真偽的社會情緒，在這種不真實的輿論和態度面前沾沾自喜或恐懼疑慮的領導者，絕對是要做出錯誤甚至是無法挽回的災難性決策的。

　　事實上，虛假信息將造成政治和生活上的災難這道理，古今中外人們都是深有體認。「烽火戲諸侯」的故事千古流傳，「狼來了」的寓言不斷地被人講述，顯然都是要借此警示人們。但麻煩的是，由於體制的原因，也出於人性的弱點，所有專斷政權的領導人都在拒絕真實、損害信息的完整這一點上不斷悲劇性地重複這種故事。美國政治學界的泰斗之一，耶魯大學的大衛·阿珀特（David E. Apter）教授多年前在與筆者一次閒談中提及他的朋友，著名的政治學者布熱津斯基（Brzezinski）早年曾對他提到過蘇聯崩解的可能，一個原因就是那個體制的信息是極其不暢通的。而從當年官方對八九年學運的處理來看，中國的權力體系對社會的真實脈動也缺乏足夠的認識和瞭解。當總書記趙紫陽因胡耀邦先生的突然去世，請負責公安和文教的喬石、李鐵映等注意社會動態時，兩位的看法卻都是社會和學生「基本安定」「不會出大亂子」等等。（見《六四真相》）而事實是，當時，稍敏感一點的人士從八八年下半年就已經感覺要出大事、對胡先生的去世可能構成爆炸的引信這一點已有相當的預感。至於陳希同等政治人物出於自己的利益需要向鄧小平選擇性地匯報學生的政治訴求，直接導致鄧小平據此作出的學生運動是「動亂」的定性以及由此而成的「四二六」社論對後來事態的影響，相信無論朝野，所有當年事件的經歷者都有切身的體認。

　　談到八九那一年，讓人記憶最深的圖像之一，大概就是羅馬尼亞12月21日直播官方組織的譴責反革命騷亂群眾大會，鏡頭最後

中斷定格時齊奧塞斯庫（時任羅馬尼亞共產黨總書記）那張困惑的臉！幾分鐘前他還在傲慢地演說譴責那些帝國主義的走狗，人們也照樣在呼喊支持的口號。但不知在哪一刻，人們停止了這種呼喊，轉而憤怒地高喊反齊奧塞斯庫的口號，站在高高陽台上的他，在某時似乎也忽然意識到下面已不再是他二十年來所習慣聽到的由下屬精心組織的歡呼口號，疑惑開始浮現在他的臉上：怎麼回事？人民在反對我？鏡頭中斷，歷史在那一刻已經巨變，對他來講，一切已晚矣！

五毛們今日的作為不外乎是領導們組織的網上護黨、護主遊行，與專制者們組織的各種山呼萬歲的支持活動毫無二致。執政者以為可以靠這些製造輿論，哄騙群眾，到頭來真正哄騙的可能常是他自己——事實上，連許多五毛工作者真實態度如何也是不清楚的。像王立軍那樣，命令民警網上自我吹噓辯護，支持孔慶東的所謂國格、人格，罵美國人沒朋友，一些「混飯吃的律師，文人可能毀壞政權」，但關鍵時刻要跑美領館，其真實想法原來是：美國人比黨可靠。

其實，大時代，各種輿論觀點如擁毛、批毛、反美、親美等等都可能出現，本屬正常，但因沒有基本的言論保障，也因五毛的出現，我們對各種觀點的真偽、多寡已無從判斷，這對國家甚至主政者來講其實是一種很危險的狀態。日前習近平提倡聽「尖銳的批評」，是一個值得肯定的態度。但只要言論不真正開放，權力得不到監督，各種封網、封帳戶的行為不斷，真正尖銳的批評就難聽得到，為權力服務的各種五毛現象也就不會消失，政權因信息失靈造成崩解的危險就是現實的。

　　為民族進步，甚至為執政者利益計，言論該開放，五毛該休矣了！

南周事件：社會的新抗爭

BBC 2013年1月14日

如果說2012年中國歷史開始於王立軍闖入美國駐成都領事館的那一刻，那2013年中國歷史的開始就是南周事件。前者發生在政治領域，涉及政治各派系之間權力鬥爭，影響到十八大人事安排，對中國影響深遠；後者則發生在國家與社會之間，從一個側面展示了權力與社會的矛盾，預示著在上層權力安排塵埃落定後中國下一步矛盾衝突的核心所在。

挫折感中的抗爭

南周新年獻辭被刪，導致編輯記者忍無可忍進而抗爭，引起社會的關注和奧援，釀成事件。對此，我們須將其放到十八大前後整個中國的社會和政治背景中才能更好地加以理解。

眾所周知，中國社會的矛盾激化，改革停滯不前，各種挫折感，不安、焦慮、憤怒充斥，人們雖不希望社會動盪，但也越來越無法忍受官場的貪腐無恥，保守無能，渴望發生些深刻、符合期望、能夠帶來新鮮氣息的變革。十八大前，人們的關注主要集中在人事變動上，將這種期望至少部分地寄託在新的領導人身上，希望新的領導人能夠順應歷史，回應這種要求。

習李上任後的一系列舉措得到人們的好評，也因此刺激了人們對中國進行深度改革的渴望，但一個多月後，這種期望開始在一

部分人中退潮，本來就存在的不信任、悲觀、對中國能否進行一場
和平變革的懷疑再次浮出，官方自我感覺良好的一些新舉措，新說
法，在一些人看來不外乎是場政治秀，「新忽悠」，對網絡實行實
名控制，網絡反腐調子高而實效少，維權人士繼續受到打壓，尤其
是在高調宣傳憲法的重要後，卻對南周「中國夢，憲政夢」新年獻
辭、「炎黃春秋」提倡憲政共識的社論等憲政主張進行打壓，讓許
多人頓生挫折感甚至憤怒，南周抗爭由此而生。

　　南周事件，是人們某種不耐、挫折感的一種反映，是對習李的
某種政治觀察和測試，更是一種反抗和警示。如果執政者不能正確
理解其中所蘊含的內容，人們可能會以比當年對胡溫新政還要快的
速度，對習李新政失去興趣和信心。因為，社會危機的程度已遠大
於當年，人們的政治參與熱情和認識也不是可與當年同日而語。習
李切不可以為拿些老套數，或某些不痛不癢的新做法能應付局面。
某些做法十年前拿出來做，可能贏來更多的掌聲，換取許多政治資
源，時過境遷，在今日就或許已大幅貶值，無法謀得主政者預想的
收益。如果對此缺乏了悟和認識，那將是主政者的災難，也將釀成
民族的災難。

社會的新衝鋒

　　十年前，在與意大利著名企業家，《共和報》的老闆Carl De
Benedetti的一次談話中，他請筆者用一句話來概括一下中國面臨的
最大的問題是什麼，略加思考，筆者的回答是：社會與國家間的疏
離。十年來，筆者也在不同的場合再次重複此一觀點，且認為更加

嚴重。從此次南周事件中，我們也又一次看到這一點。

　　毛時代的極權統治，國家吞噬社會，社會失去自主；改革開放三十年，社會恢復生機，一定程度尋回自我，但依然沒有掙脫國家的某種控制。毛雖去，但毛時代的許多管理社會的機制依舊。在全球化、互聯網、市場經濟日漸發展，都市中產階級、受過高等教育、視野不斷擴展和主體性格日增的年輕一代崛起的情境下，這些機制顯得陳舊落伍，專橫霸道，不斷受到置疑和挑戰，實屬必然。

　　在三十年的歷史演變中，中國的社會以各種形式不斷地發起抗爭、衝鋒，試圖從國家的掌控中掙脫，獲取更大的自主空間。國家在不斷對這種要求進行壓制中，也不得不與社會做出某種妥協和調整。但遺憾的是，從根本上來講，國家體制依然沒有跨出改革的關鍵性的一步，與社會發展相協調，構築成一種建設性的良性機制；那種極權時代的政治邏輯依舊，試圖控制重要的信息、物資和資金資源，強固權力機制。在一些利益集團相當程度上把持操控了國家機器的今天，這既是貪腐惡性發展的制度成因，也是國家與擴展中的社會不斷衝突的根源。

　　在國家（與利益集團）不願做出更大讓步和調整、社會的要求不能得到滿足的情況下，可以預見的是，這種衝突就將每日愈增，直到達至一崩解爆炸的臨界點。而如果國家能夠主動改革，恰當地回應社會的要求，這種衝突或許就是造就一種良性結果的動源，推動一種新型的國家與社會關係的型塑。

權宜之計還是新思路

儘管在「南周事件」上可以觀察到社會的某些分裂，但大體上，人們對南周的支持，對蠻橫專斷又缺乏水準、在人們心目中很能代表當代官員形象的庹震的反感還是主流。而支持南周的階層，從整體上看，是中國社會中最具活力和才能，最能代表未來的一些階層和年齡層的群體。從一種歷史的角度來審視，喪失掉這些群體的理解和支持的政治力量是絕對不可能有未來的。

也因此，在既不想讓人們徹底失望，毀掉剛得到的一點美譽，失去這些群體的支持與維繫現有權力體系之間，從中央到地方的一些主政者在南周事件上採取了某種妥協，證之以往的經驗，這可算是社會的某種局部性勝利，但卻是一種不能樂觀的勝利：因為從這事件中官方所表現出的蠻橫，將事件定性為外部勢力干預等傳統思維依舊，事實上存在的對支持南周者的某種打壓和秋後算帳，都證明這個體制包括其官員們依然在舊有的權力軌跡和邏輯裡運行和思考。權宜的處理手段，可能帶來好的萌芽，也可能暗藏倒退的危險，這都有待觀察，無法說明本質。

改革與共識

近一段時間以來，人們常談及重建改革共識的問題。但事實上，改革的共識某種意義上是存在的或者說是非常易於浮出展現的：就是實行憲政，落實憲法，由此達成社會與國家關係的制度性重建，左中右在憲法的框架內按照各自的觀點和立場進行博弈、互動達成制度性的妥協。從另外一個角度講，就是筆者提倡的公民的「權利增量」。這是中國下一步改革的關鍵所在，也是測試改革是

否真正展開、能否進行的標準。

在這一點上，相信那些被封了網站的極左派也不會輕易反對，而最激進的改革派也能找到發力的著力點。從所謂十八當代儒者就南周事件所發佈的公開呼籲看，即使過去一段代表文化保守主義一翼，對所謂的西化持相當的保留態度的人士，在此問題上，雖引用的是中國古代的資源，但所主張的公民有表達和批評政府的權利的立場，事實上已經與自由派的主張毫無二致。

社會多元分化，因此才需要找到一種能允許多元共存的制度框架；而意見的多樣，才需要有所謂共識的形成。當下，形成改革共識的最大障礙在既得利益集團，在權力架構的掣肘和執政集團的保守心態。實行憲政，落實公民應有的權利，建設法治國家，中國重建文明的希望就現實可期；反之，如果將憲政共識像庹部長扼殺「中國夢，憲政夢」獻辭那樣扼殺，中國的各種矛盾和衝突將進一步激化，那是毛式的國家機器如何強力鎮壓最後也無法解決的。

可憐的莫言

────────────────────────────── BBC 2012年12月10日

得了諾獎，本是讓人喜悅之事，但看著他身著中山裝在諾獎文學講座台上的照片，讀了他的獲獎感言和答記者問，莫言，就像他的這個筆名一樣，卻讓人感到某種可憐。

「莫言」的作家與審查制度

一個作家是要言說的，但在中國卻需要時常「莫言」，以至於我們無法知道一些作家們內心的真實感受、思想究竟如何。

法國記者皮埃爾・哈斯基（Pierre Haski）曾經記錄過與莫言這位參加、見證過八九運動的作家的一次談話，莫言曾對他說：從八九後就再不相信這個黨。但這話，大概他是肯定不會承認，也一定是要將其納入其「莫言」的範疇而不會公開說出的。

因此，他在演講和回答記者提問時談到的一些觀點，如是違心而論，不能講真心話，會讓人覺得可憐；如果是真心話，那會更讓人可憐。因為，他已經把這個體制的一些權力邏輯內化為自己的觀點而沒有自覺和批判了。

比如，所謂「審查制度哪個國家都有」之論，看上去是言之鑿鑿，其實是完全是不瞭解或者歪曲事實。對某些比如宣傳種族主義的言論通過法律進行某種限制，那不是審查制度，這種限制和作品出版前要受到審查、連公民批評權力的腐敗等最基本的表達權利都

受到禁止等現象，完全是兩種不同類型的東西。

　　用前者來等同後者，論證後者，要麼是頭腦不清，黑白不分；要麼是故意混淆是非，指鹿為馬。難道說哪個國家都存在對婦女的歧視，就能論證給婦女裹小腳的正當？像些憤青和「愛國」華僑用民主國家也存在腐敗來反證中國普遍性、瘋狂惡質的腐敗也屬正常，莫言的見識也如此？

　　民主國家對言論的限制都有嚴格的規定，盡可能局限在最小的範圍，且是以捍衛自由、不損害他人自由和尊嚴為基本原則，即使如此，還時常成為人權捍衛者監督批評的對象，這與那些專制國家對人們的正常表達的限制的濫用和制度化有本質的不同。

　　莫言真不清楚這兩者的差別？如此，他「希望劉曉波盡快得到釋放」的理由又何在？按莫言的邏輯，官方判劉曉波監禁不也是對的嗎？哪個國家政權又不判人刑罰呢？

普世價值與普遍的人性

　　這裡，莫言使用的邏輯就是中共常用的論說邏輯：每個國家都有自己的國情，需要制定自己的政策、制度。一定意義上這也沒錯，但將該邏輯過度推演，結論就是：中國的國情決定不能有民主，不能給老百姓知情權，這又豈不是荒謬、狡辯和無恥？

　　全世界的專制者都是如此論證不能實行民主，不能讓權力受到監督的；但全世界的專制者到頭來也常常沒有好下場，這其實說明從莫言常強調的人性角度看，還是有普遍性的一面的：人往往是要追求正義、自由和尊嚴的，沒有人願意其權益和尊嚴無端受到屈辱

和踐踏。此外,世界上也還是有些普遍的準則的,否則,莫言幹嘛要去領這個世人承認的諾獎,假如中國人與瑞典人有本質的不同的話,國內自己設的獎領得已經足夠了。

看到有愛國網友稱:西方就希望莫言講中國的壞話,莫言就是不講,是好樣的。其實,如果真是發自內心那還另當別論,問題是莫言自己內心如何想,這才是問題,事實上他的文學中已經講了不少自己國家的壞話,但那只是涉及過去毛時代,對當下中國的壞話他不講,是不願講或者是不敢講,我們無從判斷。

莫言的文學與政治

從社會學和心理學、從其早年經歷來分析莫言現象,其作品和表現其實並不難理解。莫言有其農民式的真誠和樸實,但也有成長在那個時代的鄉下底層孩子可能具有的某些特徵:對出人頭地的渴望,脫離貧窮住上大房子,「當作家能吃上饅頭,吃飽飯,與城裡人一樣」等夢想,都可能會影響其精神的高度。

對權力有憎恨和反抗——這是他文學中批判的來源,但也有崇拜、欽羨和畏懼——這可解釋他與權力的那種曖昧甚至個別時候的獻媚,如寫讚美重慶模式的打油詩等。就像一個受過極端飢餓的人,對任何得到的食物都有某種病態的癡戀,生怕稍不留心便再淪落飢餓;害怕、恐懼失去得到的一切。就如某些曲嘯式(**註1**)的右派愛黨愛國的心理一樣——即使今天官僚們的腐敗比1957年反右運動時還嚴重,但絕對不能說壞話,只說好話,免得再重蹈覆轍。

莫言說不會被迫表態,這是對的,人不應該被迫表態,但這不

能成為沒有是非，在大是大非面前不表態的借口和推辭。人們也完全有理由問一句：那莫言給重慶模式唱讚歌的打油詩是發自真心的還是被迫的表態之作？我們可以理解甚至在某些情況下寬諒莫言的言行，但這會有個限度；他自己也該在良心上給自己立個紅線，超過這個限線，就是助紂為虐，喪失良知。

莫言是當代中國最重要的作家之一，文學成就值得肯定，但從文字，到思想，風格，文化底蘊上都很難說得上是一個偉大的作家。其實諾貝爾文學獎獲獎者中也少有偉大的作家，多半也只是一流甚至是二流作家。莫言留給中國的，將來的研究者可以從中讀出的價值，或許史學上的大過其文學上的，研究者能從中讀出這個時代作家的某種無奈，鄉村的變革和人事滄桑，但他的作品缺乏那種跨越時空穿透人性充滿人道精神和深邃思想的偉大的作品的特徵。

在經歷如此的文化摧殘，在文化的廢墟上，因被迫「莫言」，需要巧言，曲言才能表達造就某些病梅式的作品（註2）或應命之作等，都窒礙了偉大的作品在中國的出現。但一些作家圓滑、事故，熱衷對權力和金錢的追逐，欠缺超越意識和文化底蘊，缺乏偉大的人格個性，這難道不是另外一個需要中國作家檢省的原因嗎？近代以來中國人經歷了如此的苦難，也受到共產制度的荼毒，但對比一下前蘇聯，我們有過一本《日瓦戈醫生》（又譯，齊瓦哥醫生）嗎？

莫言的可憐，其實是中國人的可憐，中國人被迫的「莫言」以及作為當代中國作家的莫言的可憐。

註1：曲嘯 (1932-2003) 遼寧金縣人。曾在中共1957年的反右運動中被劃爲右派，在東北偏遠邊疆勞動改造多年。後又被定爲反革命，判處徒刑20年。1979年平反釋放後，在營口教育學院任教員，開始演講，鼓吹不計前嫌「母親打錯孩子」，要愛黨愛國，成爲1980年代大陸四大演講家之一，深受官方賞識，成爲中共中央宣傳部局級宣傳員。

註2：這裡借用龔自珍的「病梅館記」典故，指那些矯揉造作、不自然扭曲的作品。

什麼樣的民族復興，
什麼樣的愛國主義？

陽光時務 34期 2012年12月6日

習近平總書記率全體政治局常委參觀「復興之路」展覽，大談民族復興，激起各方討論。筆者這裡也談點自己的看法。

首先，從大歷史的角度看，中國從百年前積弱貧窮落後屈辱的境地逐漸掙脫出來發展至今，是無數仁人志士流血犧牲奮鬥，是幾代國人共同努力付出累積的結果，如將其僅視為中共領導的成就，就既不是尊重歷史，也是侮辱先人，貪他人之功為己功。在那樣困難的條件下，誰為中國掙得聯合國常任理事國席位？誰結束外國在中國的租界？誰領導抗戰，犧牲數百位將軍，三百多萬士兵？

沒有看到展覽，不敢對展覽如何解說妄下斷言，但同名電視系列「復興之路」中「中國共產黨成為抗戰的中流砥柱」等等嚴重歪曲事實的說辭比比皆是，官方歷史對那些造成幾千萬人死亡的大躍進、文革災難等要麼閉口不談，要麼推卸責任，輕描淡寫，毫無客觀公正可言，無法令人信服。相信該展覽也不會有多大差別。不敢坦然面對歷史的民族就不會坦然面對現實與未來，就斷難談上什麼真正的復興。連傳統朝代為上代修史的那種客觀都沒有，連對改革開放做出巨大貢獻的中共前領導人的功勳都刻意迴避，這是沒有自信也是不道德的表現。談民族復興，先從面對歷史真相開始，從客觀公正對待所有為民族發展做出貢獻者開始。

其次，據報導稱，習近平在講話中談到以「愛國主義為核心的

偉大民族精神」，對這樣一種提法，筆者認為極為不妥，甚至是危險的。近代以來，那些實行趕超的國家德日意等在將所謂的愛國提升到一個不恰當高度時，從來是既給自己民族也給他人帶來災難，幾乎概無例外。如果中國的復興就是以愛國主義作為核心精神的，那將是一個極其狹隘、缺乏文明深度也缺乏道德人文內涵的目標，注定無法達成一種輝煌宏大的文明復興，或許還將帶來大的災難，這不是一個有如此悠久文明傳統的中國人所應有的境界和追求。所有偉大的文明都是有某種有關人、生命、正義等普世性的超越價值為基本依託，如中國人的「仁」「義」「愛」「恕」等。拿美國人為例，美國人的愛國主義之強烈也是有目共睹，一個具體的表現就是到處插遍國旗甚至願為國旗流血犧牲，但美國文明之所成就美國文明，是在這種愛國主義之上有關於人的自由價值，有允許人們燒國旗、拿國旗做襯衫、內褲的權利，不是美國的愛國主義成就了美國，是有允許人們不愛國的權利才成就了美國，造就美國的偉大和美國人發自內心的愛國。以權力來要求甚至是強迫造就的愛國主義是盲目、脆弱的，不是發自內心。那些大講愛國但不斷出賣國人利益的貪官們，那些破壞了環境撈足了就走的奸商們不是些很好的例證嗎？

愛國主義從來就有兩種，一種是那些為祖國的公正，人民尤其是貧弱的人們的自由、權利和幸福而奮鬥的人所表達的愛國主義，他們捍衛民族正當的利益但也為它在其他民族面前符合正義的形象而努力。在一個專制國家，這些真正的愛國者命運常常是流亡、監禁、受迫害甚至被殺戮；另一種是掌權者的愛國主義，有的時候可能是與前一種相符，尤其是在民主制度下，但在那些專斷制度下，

常常是與前者相反，愛國主義從來都是麻痺人們的精神鴉片，駕馭人民的精神工具。愈是腐敗專斷，愈是大講愛國主義，這幾乎是個通例——有興趣的讀者可以去查查歷史，也看看當今世界，那些阿拉伯世界剛被趕下台的專制者們哪個不講愛國主義？埃及的穆巴拉克曾經是真正的民族英雄，悲劇的是，至下台他還依然覺得自己是個愛國者，但國家沒有權力制衡，他的領導已經到了天怒人怨的地步。這穆巴拉克個人和埃及民族的悲劇不值得我們深思？

再次，習總書記講話中說「歷史告訴我們，每個人的前途命運都與國家和民族的前途命運緊密相連。國家好，民族好，大家才會好。」此言不錯，但需要搞清，確認，補充。貪官的前途是與陞遷、體制聯繫在一起；訪民的命運是與司法的獨立、吏治的清明相連；國家和民族的前途命運是與人民的認同、認可、與權力的制衡、新聞的開放、法治國家的建設、國際的和平環境相關。泛泛地說就沒有什麼大的意義。其實，在沒有外敵的情況下，真正的道理是每個公民好，富有，國家民族一定好，一定強大；反之，並不盡然，甚至最終一定好不了。

由此，讓人想起習總書記當年在墨西哥外訪時，抱怨西方對中國的批評時說過的幾句話，我們「一不輸出貧窮，二不輸出革命，三不折騰你們」。其實從願望來說他可以這樣講，但從事實認定來說，這話或許就說得太早：如果按照現在的路子走下去，難保不有一天，民怨沸騰，危機四起，中國就不輸出移民、難民、動亂，折騰人家。習總書記上位伊始，受到人們的某些好評是因其講話所表現出的某種務實風格，但應把這種務實風格貫徹到底，與其高喊什麼民族偉大復興，還不如直面現實的挑戰，找出些根本性的、制度

性的應對之道，以避免中國的發展出現大逆轉。前蘇聯難道不比我
們強大？日本的發展不也曾如日中天，被認定要很快超美？殷鑒不
遠。根不紅，苗不正的胡總書記上任伊始造訪西柏坡，向老人表衷
心；根紅苗正的習總書記帶隊參展向國人也向提出復興口號的前江
總書記表忠心，但或許，國人和習總書記都需要拿點時間深思一下
中國需要什麼樣的復興，什麼樣的愛國主義而不至於讓中國走上邪
路這樣的問題才好。

依舊「做好人，保江山」？
——談中共新領導人的執政理念

······· BBC 2012年11月26日

十八大結束，無過便是功的胡總書記在做了一個很符合他風格、保守色彩很濃的報告後，以一個政爭失敗者的身影告別黨的舞台，但在其最後的失敗演出之際，卻用一種他特有的忍者特點，用全退（註1）殺了江系一個回馬槍，一解二十年的恩怨，削減了不在位者的干政可能，可算是他一任對中國政治進步所做的最大貢獻，值得肯定，想來卻也讓人感慨。至退也沒有建立起足夠權威的胡，卻因此給習留下一個中共接班人歷史上幾乎前所未有的有利局面，習將如何施政面對未來呢？這成了人們普遍關注的問題。

還是「做好人，保江山」？

在前一段給BBC撰寫的一篇評論胡執政十年的文章中，筆者曾提及某位人士對胡執政理念「做好人，保江山」的概括。也就是說，一要保共產黨政權，二在可能的範圍內盡量為老百姓做點好事。從胡十年執政風格和結果來看，該概括大體不差，在其告別政治報告中也有體現。在胡或一些人看來，或許兩者是統一的。但事實是，當「體制—江山」成為作惡的根源、「做好人，保江山」相互矛盾時，如何處理兩者關係，這才是考驗領導人的遠見、道德和魄力的關鍵。在這點上，胡的歷史得分肯定不高。

　　而習近平會不會還抱這種「做好人，保江山」的執政思路呢？前一段，筆者在與友人就此所作的討論中認為：這十分可能，因其既符合權力邏輯，也符合政治結構，很可能在一段時間裡依然是習執政的基調，只是與胡的弱勢做法相比，其做法更帶強勢色彩而已，本質上可能沒有不同。

　　首先，想盡可能地做些好人，對他們這代領導人來講，這是自然的：且不談個人意願，對民眾的情感如何，僅僅是為鞏固個人權力地位，也必須如此——即便想做惡，他們也沒有毛鄧的那種本錢了。這些年一些親民政策的提出，說到底是有領導人合法性資源弱化、要換取些民心這樣一個促因的。

　　其次，想指望習近平等新一代領導人不報「保江山」的想法也是不現實的：父輩的遺產，自己權力的基礎，現實面臨的各種執政和利益壓力，都使得這新一代的領導人不可能不依托、借用、維護現有體制。維護現有體制，不使其崩頹，就是維護自己的權威，自己的權力，同時在他們看來也就是維護黨的、國家的甚至是人民的利益，因此，現階段，那種指望習以不「保江山」的態度來大刀闊斧再造體制的想法不免流於浪漫。

做怎樣的好人？保什麼樣的江山？

　　問題是：習李面臨的局面與胡時代已大不相同，胡溫用來應付問題、做好人、保江山的手段已利盡，照葫蘆畫瓢已難以為續，現體制面臨嚴重的危機和問題，對此，他們也不是懵然無知。因此，採取些措施，避免大規模的風暴來臨衝垮江山，也幾乎是可以預見

的。然而，既要維修、照顧自己攀援上來且每日都要借用的樓梯，又要同時對其進行切實的改造，這是需要信念、膽識和很高的技巧的一項工程。

這工程的規模如何，改造能否徹底，取決於新一代領導人對這種「保江山」與「做好人」之間的矛盾、對體制的根本局限和弊端的認識是否透徹，以及由此採取行動的勇氣有多大，智慧有多高；遇到八九那樣的事件時，是要為保江山不惜殺人呢？還是像趙紫陽那樣寧捨江山不捨良心。顯然，這些都是我們尚不清楚，有待觀察的。

從鄉村到都市，從偏僻西北到東南沿海開放經濟發達地區的長期歷練，因家庭和個人淵源對現體制權力運作及問題所具有的瞭解，相信都會有助於他們對世界趨勢和真實中國的認識，對沿海內陸的失衡、民間和精英斷裂等這些近代以來就困擾中國的難題有更清醒的意識，對民間疾苦有較深的體察，作為國家最高領導人，這些都未嘗不是難得的好事。但這些也都不能自然地保證他們能讓高喊了幾十年為「人民服務」口號的中共真正做到為人民服務，也不能靠就職演說提十幾次「人民」、展現某種務實的態度就足以消解「做好人，保江山」兩者之間存在的深層矛盾。

需知，現存的一黨江山是特定歷史的產物，即使近二十多年取得一些成績，博得些讚揚，也無法彌補其本質上與現代文明趨勢相悖的某些特徵，因此，從大歷史的角度看，皆有曇花一現的危險。那世界經濟亞軍的頭銜讓「愛國者」們亢奮不已，不過前蘇聯不也曾長期居世界經濟的亞軍或季軍嗎？而中國現在的整體國勢難道就比當年的蘇聯更強？基礎、資源條件更好？國際勢力更大？

今日中國面臨的各種問題和挑戰多多，但其核心問題又只是一個：制度尤其是政治體制的弊端，是阻礙中國下一步和平穩定發展，更上層樓的關鍵，也是造成道德淪喪，惡人橫行，壞事層出，社會矛盾激化、民眾不滿日熾的根源。只有用壯士斷腕、割肉剔骨之勇，清除積弊，再造體制，才能好人做到底。反之，如認定以「保（現行的一黨）江山」為首務，「做好人」只是服務這個目標、收買人心的手段和政治點綴，某種個人良心的安慰，可以預見的是：大浪起日，江山終將無保，好人也難做矣！

水能載舟亦能覆舟。體制不改，「做好人」的所有努力也終只能收一時之效。江山之根本在人民的意志和利益。是一黨之江山還是人民的江山？兩者的衝突是顯見的，不是靠自稱什麼「代表」就能化解的，是需要制度來體現和解決的，要靠「實踐檢驗」的。主權在民，這是現代政治的根本。「鐵打的江山流水的兵」，政黨只配去做那兵，而不能反客為主，本末倒置，自為江山，反驅人民作卒，以百姓為芻狗，這是專制權力才不斷上演也通常會以悲劇結尾的戲碼。只有將要保的江山定義為人民的江山，民主的江山，這「保江山」才有意義，與「做好人」才終能統一，兩者間的矛盾才能得以根本解決。

偉人還是庸人、罪人？

當然，由於現體制正日漸被利益集團所挾持，且不說要改變這樣一個江山，即便在現體制框架內，想真正做點好人，對某些利益集團、一些巧取豪奪，貪婪邪惡之輩的「自己人」，都不能不有點

橫下心來「做惡人」的膽識，有敢於承受他們的誹謗和攻訐的坦然與豪氣。如這些都做不到，那關於「再造江山」等問題也就可免談了。

其實，對新一代的領導人來講，或許事態已嚴重到了應以另一種更尖銳的方式來討論問題了：是要扭轉乾坤做偉人，還是甘當庸人、甚至成為歷史罪人？因為，那種混日子的時光不再，「做好人」的小家子氣念頭已無法為續，真正供選擇的空間已不多。歷史從來是以領導人解決其面臨的課題來對其進行評判的——中共建政前，中國原本是開放的，但因毛政權的封閉僵固，就凸現改革開放的重大以及領導人推動改革開放的貢獻。今天，如何避免中國再一次陷入某種停滯甚至是動盪，引領中國邁上新台階，歷史將要以此審定這一代領導人了

註1：十八大前，人們一直在猜測胡錦濤是否會比照其前任江澤民卸任中共總書記後繼續留任一段軍委主席，十八大上胡錦濤全部卸任，故簡稱全退。

該分權，但不必定要分裂
——從廖亦武的獲獎辭談起

陽光時務 28期　2012年10月25日

　　文學界最近的兩件大事是莫言和廖亦武分別獲獎，由此引發諸多議論，主要圍繞兩個問題：一是莫言有否資格獲諾獎，二是有關廖亦武獲獎演講辭「這個帝國必須分裂」。

　　兩個問題都很複雜，前者牽涉文學和政治、作家與權力、諾獎評審等諸多一向爭論不斷的問題，不獨中國特有，容他日再議；後者則是一個關係中國未來國家體制，一個從近代以來就不時或隱或顯討論的問題，即便不屬中國獨有，也具很強的中國特色。

　　文學是某種見證，有關人性以及一個時代。就這點來講，在中國如此犬儒、虛驕的時代，像個點破皇帝新衣神話的孩子，廖亦武以底層人物的血與淚，真實地在這個「千年盛世」的畫面上戳出一個大洞，現出那後面所掩飾的殘酷。以此，廖亦武拯救了當代中國文學的聲譽，其作品也因此會被人永遠記起，值得致以深深的敬意。

　　他的演講辭的敘述是真實的，所表達的情感和思考也是誠摯的，但，其觀點卻是值得討論的。以他所認為通過中國的分裂來達到「母親不再無辜地失去兒童，人們不再流離失所，中國不再輸出災難和垃圾，有人守護墓園，人類和平得以保證」的目的來看，能做到，當然是一條思路。但歷史上也充滿反證；就現實來看，是否事與願違，恰如其反，後果更加嚴重也未可知。

雖然蘇聯的解體大體和平，捷克斯洛伐克的分家之平穩更讓人稱道，但我們不能就此推論國家分裂都會平和，忘記南斯拉夫的戰火以及歷史上絕大部分國家解體所相伴的戰亂與血淚，不能忽略造成蘇聯和捷克斯洛伐克分解過程相對平和的特殊背景：這是靠斯大林淫威或國際強權短暫統合的土地，沒有悠久的政治和文化認同，分離有其自然的邏輯，且有俄羅斯這種主體大國、哈維爾這種道德權威有助過程順利……。顯然，中國的歷史和現實都與此不能簡單類比。九十年代初筆者曾背囊獨行，到過俄國東歐考察，實地瞭解過一些問題的複雜，也至今記起2007年夏赴薩拉熱窩（又譯，塞拉耶佛）開會，夜幕裡看到旅館對面山上成片的白色新墓時所感到的震撼。

　　歷史上的統一，並不僅是帝王們的權力慾所造就，也常有民意的支持，有一種深厚的理性。當征戰不已，「白骨露於野，千里無雞鳴」的凄慘之時，統一便與和平等同，成為民眾的希望；而至專制腐敗至極，人們產生掙脫此國，另起爐灶單過的願望也就自然。在這大轉折時代，需要我們的冷靜、謹慎與遠見。

　　可以想見，廖先生的這種看法，相當程度上像他的文學一樣有個體的親歷與體驗的支持：在中國漂蕩的歲月所受到的那種無所不在的監視、騷擾與迫害，在逃亡異國路途上所感到的恐懼和心理震盪。此外，老莊的自在和逍遙，對西方和中國歷史的某些看法，或都影響他做如此的判斷，可以理解。

　　但事實上，國土的大小與專制沒有必然的聯繫；土地的廣袤也不就是等於帝國的形態。小國的專制者不會因人們相互面熟而不殘酷對待國民；民主大國的政治家也不能因與公民彼此陌生而侵害

人命。紅色高棉的柬埔寨是小國，但人民並未因此而免於塗炭；印度、加拿大國土廣闊，前者人口尤眾，卻未被稱為帝國。至於美國被些人批評為「帝國」，也只涉及國際事務，卻並沒用權力來殺戮自己的孩子。近代以來，許多統一與獨立的運動都曾是自由思想的產兒。獨立與分裂並不一定會造成民主和自由；統一也絕不只是專制者的特徵和手段。難道世界上爭取獨立（分裂）的革命家成為獨裁者、統治之殘酷遠甚前朝的例證還少？而當十九世紀意大利那些志士為統一奮鬥的時候，我們可以去質疑他們政治上的必要和道德上的正當？

此外，文化上的興衰也並不與統一有必然的因果。今日世界上某些區域多國林立，文化上卻未見有何突破。未統一前，德國產生過許多偉大的文化人物，統一後卻也沒少湧現；至於二戰期間德國那些文化巨擘要流亡異國，是體制問題，其中多人從統一的專制德國流亡到一個更大的統一國家美利堅去，顯然，統一與否只是問題的一面，不是問題的全部或關鍵，不必然決定文化的興衰。決定文化興衰的關鍵是自由，是多樣性。這只在某種條件下才可能與多元國度的存在有關，不可一概而論。

以歐洲的歷史來看，羅馬帝國崩解後，經漫長的演變，西方人找到一種介於城邦和帝國之間的政治形式：這就是今天世界上通行的「民族國家」。但分裂的歐洲造成的問題，給各自人民乃至世界帶來的災難也是有目共睹。鑒於此，恰在民族國家誕生地的歐洲，從十九世紀就有維克多·雨果這種文學巨人夢想歐洲的統一，雖遭遇困難，今日歐洲一種超越民族國家的趨勢依然強勁。

再放大眼光，在筆者看來，世界上存在兩種深刻的巨流：一是

全球化，二是無處不在的個體與群體的認同強化。由此，整合的趨勢在發展，離心分化的趨向也甚顯著。如何處理這兩種趨勢間的緊張，創立新的制度平衡形式，這是關係到許多國家的興衰、也關係到人類未來的問題。

　　以筆者之見，中國今日問題的癥結是應該分權，縱向和橫向的分權，解決權力專斷和政治合法性的再造，而不是一個是否需要分裂的問題。分權與否及結果的好壞才決定中國是否需要或可能分裂，中國人是否還有可能再經歷一場災難的關鍵所在。

谷開來案、家丁與中國的政治文化

BBC 2012年9月18日

　　谷開來謀殺一案暫告段落，人們在等著看如何處理王立軍、薄熙來。但從谷案的判決結果看，似乎也沒有什麼人對有一個讓人信服的公正結果抱多大希望——中國只有權謀的政治，沒有獨立的司法。不過，圍繞這個案子所透露出的許多信息還是意味深長，值得作進一步的探討。

權力的私有和薄、谷的家丁

　　谷案中暴露的最嚴重的問題之一就是：公權力的私有化、公務員的家丁化已發展到讓人觸目驚心的程度。谷開來為除掉伍德，動用警力，整個重慶的高級警方都被動員起來服務於此，策劃各種方案包括以栽贓伍德為販毒犯將其當場擊斃等，警匪片裡都不敢想像的情節，竟都現於谷案之中。

　　從這一系列的活動中，已看不到任何公權力的尊嚴和國法的約束力，只有谷開來為其自身及家族利益動用國家機器進行公然的謀殺。公權力在這裡徹底淪為個人犯罪的私器，而公務員則成為地道的幫兇家丁。

　　需要提及的是，在官方和谷開來共同演出的這場審判鬧劇中，謀殺的真正動機被掩蓋。其實，最有可能被伍德拿來做要挾借口的——絕不是什麼薄瓜瓜的安全，而是薄熙來的政治前途。不管

薄、谷夫婦關係如何，在維護薄的政治利益也就是保護谷自身以及其兒子、家族的利益和安全這一點上，谷是非常清楚覆巢無安卵、一損俱損的道理的。

因此，谷真正要保護的人也只有一個，就是馬上要入常的薄熙來。而當作為外國人的伍德，確有可能為其利益拋出有關薄、谷的內幕，威脅到薄的時候，谷動殺機、薄的手下置國法與個人風險於不顧，聽命於谷參與謀殺的道理就同為一個：護住主子、頭兒的前程，就是保住家族、自身的利益與未來。誰有所保留和遲疑，誰就將面臨被踢出自己人的圈子、失去全部的信任和利益並被以叛徒之名加以報復。王立軍後來被迫出逃的邏輯也就在此。

家丁與傳統政治

這種故事實不新鮮，在中國過去的歷史和小說中多有；新鮮的是發生在二十一世紀，由所謂的偉大光明的中國共產黨的高級幹部及其家屬所為。難怪法國一位年長的享譽世界的漢學家在與筆者的交談裡發這種感慨，「這簡直是中國中古時代的家族嘛」。

問題是，中共的高官怎麼會成為一種家族政治的頭領？官員怎會又淪為一種家丁？中國的政治和政治文化怎麼又墮落到一個中古時代的水準上去了？一個多世紀，中國政治到底有些什麼進步？這才是我們不得不思考的。

傳統的中國政治浸透了家族色彩，家與國混淆，大到廷臣，小到衙吏，都帶有很強的家丁性質。附屬、聽命、服務於主子，唯主子的意志是從，公共利益常退置其次。國民、官員缺乏主體意志。

這些，從近代以來就不斷是有識者批判的話題。這種批判當然是受西方文化的衝擊，受其啟發，以其作為參照背景下發生的。但事實上，對權力私有化、家族化、權力專斷的批判，在中國自己的文化發展中，受種種政治現實弊端的刺激，在明末清初那批重要的思想家如黃宗羲等人那裡也早已開始，只是後來受清代的壓制以及思想資源上的局限等，這種批判未能深入下去。

直到清末民初，這種批判才又迎來一個高潮。順便說一句，也正是感到兩個多世紀前的那種批判切中時弊，清末民初的批判思想家們才對明末清初的批判思想那樣熱衷。同理，文革後乃至今日，人們時常提起引用那些思想的一個最直接的理由，也往往是其現實性，這實在發人深思也讓人感慨不已。

同志、家奴與黨

對專制政治的批判是與對人的主體性、人的權利的呼喚、對中國人的奴性的揭露常常相伴的。至今，中國人也仍未享有一個現代公民所具有的完整的權利，家奴政治文化的影響也依然甚深。這既是歷史的緒餘，更有現實的成因。

家奴的歷史在中國十分悠久，且不談史書，僅以明清以來的著名古典小說《三言》《兩拍》《金瓶梅》《紅樓夢》《海上花列傳》等表現的狀況來看，直到相當晚近的時代，家奴都不具備基本的社會人格。張愛玲在國語本《海上花》譯後記中，對此有過一段很精彩的討論。一個例子就是，家奴常常無姓，用張的話說，只有一個「像最普通的狗名『來富』一樣的小名」。這與中國鄉間迄今

存在的某些現象仍很類似：孩子只有小名，只因要報戶口或者上學，才不得不起個大名。否則他們不配也不需要。

　　二十世紀中國文化上最重大變化之一就是人的平等和主體意識逐漸被人認可，家奴和主人至少在法律和社會規範上被認定是平等的了。由於共和的建立，權力的私有化也不再具有合法性。

　　可現實歷史卻是曲折的。最弔詭的，是號稱代表人類最先進文化、要建設人人平等的大同世界的中共，在其形成、發展乃至執政後的歷史中，雖互稱「同志」，卻在不斷地宣揚一種不折不扣的家丁文化，唯領袖與家族（黨）是從，要「把一切獻給黨」（吳運鐸）；具有最新式道德的黨員的標誌卻是「無條件地服從黨的利益」（劉少奇「論共產黨員的修養」）乃至當過「五四」青年的周恩來卻要像一個家臣那樣侍奉毛，甚至當著他的面跪在地上為其規劃行車路線……

　　當那與烏托邦相連的理想成分煙消雲散後，就只剩下我們現在見到的這種權力私有化、赤裸裸的利害傾軋與分贓。家族、幫會、黑社會式的運作重新成為政治運作的基本模式，官員也漸漸迫於現實條件的約束淪為某種意義上的家丁和婢僕。

　　而造成這些的根本原因，顯然在這大一統的黨和制度以及相應的黨文化。五十年代儲安平批評的「黨天下」現已日漸淪為「家天下」。但此「家天下」卻不同於皇權的彼「家天下」，後者還常具有一種特定的普遍意涵，而現時的「家天下」則是一種寡頭政治式的分割，從上到下，各個不同的行業和區域被不同的政治家族幫派把持，公器私用，自肥自利，私相授受，唯我獨大。這就是谷案爆發的時代和制度背景。

　　我們可以設想，除了重慶涉案人員自身的思想意識層面的問題外，如果他們有更多的自主選擇，操之於薄決定他們利益、命運的權力沒有那麼大，這些官員包括王立軍仍會如此甘當犬馬？隸屬重慶辦公廳的公務人員張曉軍又怎願成為助主殺人的家僕？

公民與公權力

　　面對這種黑暗的場景，如果說中國還有希望之光的話，那就是中國最近十多年公民運動的崛起以及公民權利意識的迅速增長。背私為「公」（見「說文解字」引韓非語），但當中國的公權力背公為私，墮落為私權，社會公正不再的時候，是中國公民的維權運動，正在與權貴博弈，試圖重建公權力的公正和合法性。同時，也在這種博弈中祛除著千百年遺下最近幾十年又被黨文化不斷強化的僕人意識，建構著一種迄今尚未成形的現代中國公民政治文化。

權利增量
——衡量中國下一步改革與發展的唯一標準

.... BBC 2012年8月8日

　　做這樣一篇文章，直接的背景當然是婦女被強制墮胎、什邡的抗議風暴等曾出不窮的事件；用如此一個題目，則是拿三十年前那著名的「實踐是檢驗真理的唯一標準」提法來作對照，加些歷史和思考的縱深。且不論哲學上是否成立，過來人都清楚，當時圍繞那個論題所展開的討論，極大地幫助了人們從毛時代的教條主義的思想桎梏中掙脫出來，也確定了後來改革開放帶有實用主義哲學色彩的思想導向。

　　問題是，這種哲學指導下的改革開放，在其激活中國經濟活力、取得重大成效的同時，由於缺乏道義標準和應有的社會公正機制，逐漸失去了其啟動初始時的動力，陷入停滯。「改革已死」話語的出現、社會上反改革氛圍的積聚、革命情緒的醞釀等等都顯示著這一點。

　　如何避免中國出現新一輪的社會政治激盪，尋找下一步改革發展的共識，賦予其新鮮的內容和動力，人們有不同的看法。在筆者來看，權利增量，公民權利的增長，理應成為下一步衡量中國改革與發展的唯一標準。

「增量改革」——經濟增量與權利增量

　　「增量改革」，是一些經濟學家對中國改革道路的歸納，意指中國通過經濟量的增長以及各種市場機制的增加，來逐漸替代舊的計劃體制。這種說法固然不錯，但需要記住的是，這種「增量改革」最初就是以經濟領域公民權利的增量為起點的——中國農民重新獲得自由耕作權，而三十多年來，中國改革平穩健康發展的時期也都是經濟增量和權利增量協調發展的時期。

　　遺憾的是，在改革初期權利增量的黃金期後，經濟增量雖然持續，中國公民的權利增量甚微，增量改革演變為單純的經濟增量，市場機制的形成受到權力結構的扭曲，原有經濟體制的瓦解並沒有伴隨一個健康合理體制的出現，發展的不平衡就此日增。有權力者不僅具有政治權力，且掌握經濟資源；有經濟資源者則通過利益輸送，直接間接掌握更多的政治權力；改革初期人們希望的國家權力得到有效約束的理想並沒有隨經濟的進一步增量而實現，相反，國家因得到不斷增長的經濟資源的滋養而變得更像一個巨無霸，龐大無比，恣意揮霍和壓制社會的成長與不滿。一些利益集團依附、利用這巨無霸，赤裸裸地吸食、控制各種資源，影響決策，最終導致以經濟增量為主的「增量改革」的破產。

　　從最近出現的幾乎可預見的經濟衰退趨勢來看，其重要的原因之一在中國的產能過剩，內需不足。造成這種狀況的根源多種，但顯然與公民由於權利的缺失，無法有效地對抗強勢集團的掠奪和壓榨，無法合理地分享經濟發展的果實高度相關。如不能有效地推動權利增量，我們有理由懷疑，旨在為推動經濟增長而注入的資源能否得到有效利用，新的經濟增長能否再現，經濟結構調整的目標能否達成，一些論者提及的經濟「存量改革」能否順利進行。

將權利增量作為唯一標準

之所以這裡有些武斷地冠以「唯一」二字，這即是一種道義選擇——它符合應有的道義，也是一種策略選擇。因為，在這樣一個大的轉型期，中國面臨改革和發展的目標是多重的：經濟的持續增長與結構的調整，國家實力的進一步提升，國家安全的穩固，社會矛盾的緩解，政權合法性的再造，環境的改善，文明水準的提升等。這些目標相互交織互補，但也彼此衝突，任何一個課題都可能被理所當然地拿來作為階段性的改革和發展目標，壓倒其他的訴求。而在利益集團把持國家機器、宣傳手段的情形下，許多政策甚至包括一些重大利益輸送舉措的出台都可能被冠以冠冕堂皇的說辭。因此，為與現有的諸多政策標準做些根本性的區隔，不讓其他的東西來沖淡混淆，就需要把這樣一個權利增量的標準加以特殊地凸顯、強化。

在筆者看來，貫穿當下中國諸多問題的一個關鍵，檢驗所有政治家是否真心改革，改革和發展的政策是否具有價值和實效的尺度，就是公民權利的增量，就是是否將以經濟增量、國家權力為重心的改革與發展移轉到以公民權利的增加上來，以此為導向和標準。

只有實現公民的權利增量，改革和發展的果實才可能得到某種程度的公平共享，既不必指望那種皇恩浩蕩式但卻極不可靠的賜予，也無需那種民粹式的殺富濟貧；避免「重慶模式」的悖論和惡果；堅定且循序漸進地實現權利增量，才有可能解脫那種「一收就死，一放就亂」的惡性循環，國家與社會的緊張才可能逐漸有所緩

和，避免通過大規模的社會政治動盪來達成新的政治結構重塑、國家合法性的再造；而作為生產者與消費者的公民的權利得到增加，那困惑中國經濟發展已久的結構失調才能夠從根本上得到某種改善，增長才會得到新的動力。最後，公民權利增量得到落實，社會成員對國家與社會的認同感，參與感才會增加，國力才會真正強大穩固，中國人的道德文化水準才會得以提升。

權利與權力——誰的增量

提倡權利增量，就是要將公民僅在經濟領域獲得的某些不完整的權利推廣到所有領域，落實和保障法律規範的公民的各種政治、經濟、社會與文化權利，達成法治國家，擴大公民的公共參與權，讓公民成為一個權利完整的公民；這從轉型的角度看，就是要限制權力的增量，國家逐步讓渡權力，將其視為禁臠的領地歸還為公民，讓權利和權力在規範的博弈中找到新的平衡，建立新的國家制度架構，既能維護權利，又保證經公民認可的權力能得到有效的運行。以公民權利增量為目標，政治體制改革才不會缺乏動力，走入誤區。

權利增量，不僅是中國當下社會的要求，也是世界的一個普遍趨勢。法國大革命，工業民主，工人運動，新興的女權，環境，少數族裔的權利運動；從政治權利到經濟社會權利再到廣義的文化權利，西方世界兩百多年的歷史在某種意義上可以看作是一種公民權利增量的歷史。而新興的各種國家，包括今日阿拉伯世界的激盪，都在向我們展示這種權利運動的世界性擴展。每個國家的興衰命

運，很大程度上取決於其如何回應這種歷史的巨潮。

　　將權利增量作為下一步改革發展的標準，也就回答了改革與發展的主體、動力和目標的問題。公民是主體，也是動力所在，更是改革與發展要達成和服務的目標。無論左右，在捍衛公民權利，爭取公民權利的增量上應攜手並進。一如筆者過去多次說過：在中國的情境下，不捍衛公民權利者，既不可能是注重公平、關注弱勢的真左派，也不可能是要求自由、限制國家權力的真右派。它既應是中國的（歐洲式）社會主義者、保守主義者所應關注和追求的，也該是中國的（美國式）自由派、共和派一定要爭取和捍衛的。主張權利增量還是權力增量，這是測定中國左右知識分子道德和知識真誠的標準。

　　權利增量自然是有利於普通民眾，但權貴階層也要明白，只有權力財富沒有權利，命運最終對他們不見得是喜劇。失去權力的劉少奇、薄熙來、王立軍，財產被無端徵收了的富豪們都是前鑒。

　　風起雲湧的維權運動，標誌著公民權利意識的覺醒和提升，正為權增量創造著基礎。而官方對此的壓制，除利益和體制的慣性等因素，也是舊的改革思想的作用使然。要麼回應這種權利要求，徹底調整改革和發展的目標，拯救改革，再造改革；要麼等著革命的巨浪再起，to be or not to be（存在還是消亡）未來的領導人大概必須作出選擇了。

談談有關中國實現民主的幾個問題

BBC 2012年6月25日

　　最近，中國官方又開始組織批判民主了，從一個側面，也顯示國人要求民主的呼聲又到一個新的高潮。百年來有關民主的爭論就不曾間斷，如今更是觀點紛呈。涉及中國面臨的某些新問題，也有些國人近代已降就尚未理清的舊困惑。因此，一種基於事實與常識的理性討論，對一些觀念適當的澄清，相信對歷史轉折關口的國人認識現實、選擇未來，穩妥地推動民主化多有益處。限於篇幅，這裡只擇幾個問題稍加討論，就教各方。

西方民主、東方民主與民主

　　在官方批判民主論述中，策略之一就是將民主冠以「西方」二字。事實上，近代中國歷史上這種觀點已屢見不鮮。而在那些非民主國家，將民主設定為一種來源西方、與本民族傳統相異、不適合本國國情的論調比比皆是，非中國獨有。常常是獨裁越甚、腐敗愈烈的地方，這種論調越高。而今日中國最弔詭的是：這以民主來源為西方而加以拒斥的政權，口口聲稱要捍衛與堅持的制度和意識形態卻是從西方而來，這顯然是滑稽和缺乏說服力的。最保守的文化人士今日也無法否認佛教為中國文化的重要組成部分；最強烈攻擊西方者大概也正身著西式的服飾、用著西方人發明的產品，那作為制度和思想的民主，又為何不能被國人借用？顯然，問題不在來

源，而在接收者的選擇意願，認可的制度價值。

　　退一步說，現代民主制確產於西方，但時至今日，其實行者卻何止西方。東方的日本、印度、台灣、韓國，印尼等地實行的民主，已將這所謂的西方民主轉換成日常的政治運作，成為新的政治文化。由此，我們還能再將民主與西方全然劃上等號？

　　儘管實行民主的東西方國家的具體形式可能有些差異，民主的制度和文化的成熟度也不一，但有一點是相通的，那就是公民有權選擇領導人；有通過直接或間接的方式參與國家和集體公共事務的權利；權力的合法性來源除公民的授權外不具任何其他來源，並受到監督制衡。這些恰是民主的本質，也是國人迄今尚未解決而不得不再次面對的。而如果我們認可這些原則，假使有一天全世界包括西方都不再實行民主，我們不也該照樣去肯定、去落實嗎？

皇帝死了與政權合法性再造

　　「皇帝死了，中國人注定要去探索民主之路」，這是多年前筆者在法蘭西學院一次相關演講的開頭語。在該講演中筆者試圖說明的就是，在具有現代主體意識的中國人誕生後，在作為處於傳統中國政治和文化核心樞紐的皇權消亡後，中國人除了正視這種現實，勇敢理性地去探討以民主的方式重建政權的合法性外是沒有其它選擇的。一日此問題未得到很好地解決，一日國家與公民、社會的內在緊張就不會消弭；不管政權一時顯得如何穩固，也終難避免重大危機的發生。

高級民主與低級民主

其實，像在許多非民主國家一樣，即使事實上沒有民主，官方幾十年來也從未敢公然否認民主這現代文明的巨流。常見的是偷梁換柱，用所謂的「（社會主義或其它）高級民主」來虛置具體的民主實踐；用排斥所謂現行的「西方虛偽的民主」，事實上造成一種真實的專制。

顯然，沒有多少人會認定民主的形式已至善、窮盡。新的民主形式的探索、公民參與程度的提升、國家與社會互動的創新，這是兩個世紀來現代民主走過的基本軌跡，也體現了「民主是個好東西」：在不斷更新的社會運動的推動下，許多民主國家「與時俱進」，達成重大的制度更新、政治重組。婦女、少數族群權利的提升就是最新的例證。用創造更高級的形式來拒絕一些證之有效、長期經驗與智慧積累的已有的制度形式，對此，我們除了可以將其視為「弱智」外，能找到的另一個解釋就只能是「狡辯，托辭」。

再高級的都是從低級來的，這是常識。當年筆者在北大讀書時朋友們之間就此開的玩笑今日看來依然有效：「我們住不起豪宅，我們只需要民居；我們不要那高級的民主，只要低級的。問題是，那高級的官員們允不允許？」

道德的民主與民主的道德

這種帶民粹色彩的「高級民主」論，有時之所以還能幻惑和欺騙一些人，除了發展中國家人們常有的那種趕超意識作祟外，也

許還與中國人悠久的道德政治觀傳統有關。中外一些研究者認為，中國人對民主制的道德期許是影響中國近代以來民主化正常進行的一個障礙。不管這種觀點是否正確，在面臨新的民主轉型期來臨之際，對人性的幽暗、惡的一面抱足夠清醒的體悟，對民主制只是一個制度化的利益調節機制，不是君子理想國有更深刻的體認，都只會有助於我們更好地把握問題，避免過高的浪漫期許帶來不必要的挫折和失望。

民主不是道德，它只給道德的生活創造條件；民主不是好人政治，它不外乎提供保護做好人的制度可能。民主下的爭權奪利，不能反證專制下道貌岸然的合理；相反，因開放透明看到的某些政治人物的缺失，才讓人們警惕，對其進行監督和制衡。

但是，民主的運行又不能沒有道德。古希臘的思想家就清楚，一個民主制度能否很好的運作，很大程度上取決於公民的道德水準和公民意識。「因追求正義的能力，使得民主才有可能；而因人性的惡，民主才成為必要」。Reinhold Niebuhr 的這話，仍值得我們深思。

危機與轉型

從毛這無皇帝頭銜的皇帝到鄧強人執政再到江胡時代的寡頭政治，主政者的政治合法性資源正遞減，靠所謂的經濟發展來彌補這種缺失只可取一時之效不可得根本救治之功。經濟發展能為民主化的發展創造正面條件，也可能因畸形發展造成災難性後果，讓民主化難以順利展開。伊朗革命前的繁華以及革命後的後果皆可為

一證。

八十年代一些人提倡的新權威主義的邏輯，那種先自由後民主，先經濟後政治的轉型論述，在某些歷史情境下或可行，但在中國卻很難成立。筆者一向認為，鑒於中國這種共產極權國家的約束條件，中國的自由化和民主化、經濟和政治的改革、社會的更新和國家的再造必須相伴而行，雙腿走路，否則便易成災難。權力沒有某種程度的民主化，法治國家不可能得以確立，自由就不可能根本的保障，王立軍、薄熙來亦如此，更遑論普通人。而民主沒有法治的依托，就易成「一放就亂」的局面。

最理想的狀況是執政者具有遠見，清楚問題所在，逐漸啟動政治改革，讓渡權力，確立法治權威，社會活躍自主，形成運動和壓力，逐層參與，達成轉型。台灣「寧靜革命」的道路大體如此。但鑒於六四鎮壓和二十多年的政策走向、執政者的保守，這種可能正在危險地遠離中國。

那麼，民主化的啟動就很可能是危機造成，而啟動後的民主化也就更容易與危機相伴——埃及等國家的現況又一次證明這一點。根源在於舊體制長期對公民社會的壓制，社會與政治力量失衡。臨此境地，歷史中行動者的道德、責任倫理、理性與妥協技巧就將是轉型成功的關鍵。而不管歷史如何演進，今日公民社會的準備都將是未來轉型順利與否的基礎。

轉型中妥協是一種藝術

陽光時務 35期 2012年12月13日

早先我曾就吳思先生用赦貪官推政改的建議撰文《要和平轉型，先從公開討論轉型開始》（陽光時務29期，見本書P230），這裡就涉及的幾個重要問題再稍作討論。在筆者看來，吳先生以一種冷靜、理性、現實主義的態度直接挑明轉型期如何處理既得利益的問題，告誡人們不能過於理想化轉型政治，要嘗試變阻力為動力，這在筆者看來都是值得讚許的，也是筆者十分認同的。

十多年前，筆者曾經這樣寫到：「正義的原則必須是抽象的、也只能是抽象的，但正義的實現則應該是、也必須是具體的。一旦需要在現實中落實正義的原則，則此原則能否落實，很大程度上就取決於現實政治力量的組合、歷史的情境、政治家們的意識和政治技巧以及民眾的心理狀態。此時能做的可能彼時不能，彼時能做的可能此時不行。態度的激進也許會激起更激進的態度，不適當的寬容可能也會葬送民主政治的基礎。總之，需要極其謹慎地處理這件極其複雜的事。」（參見《巨變時代》，第11頁）相信吳先生會同意筆者這些看法。

不過，在筆者看來，或許恰恰從這種現實主義的思路看，吳思先生好像又沒有把這種思路推論到底，對轉型中其他階層的態度利益雖然有所涉及，但卻沒有給予足夠的討論，而且對歷史中人的激情似乎未給予應有的重視。因此，又很遺憾、悖論地讓人覺得有些過於理想化。筆者認為，妥協作為一種指導精神是必須的，但妥

協在現實的歷史進程中卻只能是具體的，是要根據各種條件來達成的，是一種技巧、藝術，不可能也不應該事先設定——事先設定的妥協往往是達不到的。

用吳先生所舉的東漢王允例子來說，王允的「不赦」是書生意氣，不負責任；但在另一些情境下，「赦」可能也同樣是書生意氣，延遲目標的達成，造成思想和社會的混亂。赦與不赦從來是要根據具體的情況來進行確定和調整的。皇帝大赦與懲治貪官常常並行，背後的考量既有政治平衡，也有平抑民怨的需要。現在，人們常談論所謂改革的「頂層設計」，但「頂層設計」不該限於「頂層」的設計，需要十分注意「底層」的情感和利益，忽略此，任何方案都將不受歡迎因此也很難推動。

因為缺乏正義，追求一個更公正的社會是民眾追求民主和法治的最重要的動力之一，但這並不是簡單許諾人們得到一個所謂的好制度。民眾或許會問：如果那是好制度，怎麼這個好制度就先讓貪官們漂白了，那豈不如舊制度？舊制度還不承認貪污是好事，還有哪一天因政治鬥爭或是什麼偶然事件東窗事發，貪官還有可能被繩之以法，但我們追求的這制度卻是先要送貪官大禮，民眾得到的不過是些所謂的「當家做主」的權利（按吳先生的設計），連追討那本為民眾血汗、國家財富的權利都沒有了，那要民主何益？這如何能讓人接受？

其實，一方面，貪官們不會愚笨到輕信這樣一個方案，另一方面，民眾也沒那麼浪漫和幼稚，會把「當家做主」的權利比如說投票權等等看得過於神聖。事實上，從各個國家的歷史來看，對這種政治權利的追求、捍衛和使用，從來都是與追求‧捍衛其具體的利

益相關。因此，吳先生這種設計的缺陷搞不好可能恰恰事與願違，會消解民眾追求民主的動力和要建立的民主制度的合法性。

社會對公正的要求已形成巨大的壓力，要麼走向民主與法治，「在民主與法治的軌道上解決問題」（趙紫陽）；要麼走向民粹，殺貪官，除污吏，這將是中國人也是貪官們在未來都不可能不面對的選擇。儘管我們可以不同意吳思先生赦免貪官交換政改的設計，但卻應該對其給貪官們出路的思路給予重視，只是這或許需要我們從另外角度進行探索。例如，設立各種公益基金，在社會公正委員會的監督下，貪官們可以將不法收入捐回，因此免予追究等等。據說，台灣一個在當代中華學術研究上扮演了十分重要角色的基金會，當初的一部分啟動資金，就是一些被免予追究責任的不法商人們捐出的。

此外，吳思先生設想中，另一個問題是赦免的主體。傳統時代，天子一言九鼎，代天立言，絕大多數情況下不存在合法性問題，民眾不管接不接受都只能接受。天下是皇帝的家天下，皇帝赦免貪官，開句玩笑說，在人們心理上，至少在部分含義上是主人寬恕小偷。在一個以人民主權、納稅人觀念為基礎的制度下，是否寬赦或寬赦什麼，是人民才有權通過一些合法的制度程序加以決定的，而不是事先能由誰預設的。

當然，筆者也注意到吳先生後來補充稱這個設計需要與平反冤假錯案等配套進行，但不談「六四」等這種國家政權一手造成的冤案，造成大批民間冤假錯案的是貪官，他們被赦，平反如何進行，有何意義？吳先生似乎對此也未詳論。

最後，讀吳先生的設想，還引發另一個讓筆者思考的問題：面

對如此巨大複雜的轉型，理性的精神不可或缺，但可能需要注意的
是不能將其化約為一種純利益交換上的rational choice式的思考。畢
竟，人是歷史的，具體的，充滿激情和有著各種慾望、利益和不同
的理念的，思考轉型問的，思考轉型問題，或許我們對此尤其不能
忽略。

要和平轉型，先從公開討論轉型開始

陽光時務 29期 2012年11月1日

吳思先生關於用特赦貪官換貪官支持政改的主張一出，引來諸多爭議。筆者這裡也談一點自己的看法。

十幾年前，筆者在一篇「民主化的陷阱」（見本人在港新出文集《巨變時代——中國、兩岸與世界長短集》首篇）文章中，就轉型可能遇到的一些重大的問題等作過些粗淺的探討。但當時人們似乎對這些問題興趣甚微。時至今日，吳先生此說以及類似討論的出現顯示：歷史到了一個新的階段，中國面臨重大轉折。

由於官方的短視和愚蠢，某些御用文人的刻意扭轉和混淆，有關政治轉型問題的討論長期受到壓制，無法在公共輿論空間得以展開，這不僅無助於改革共識的形成，本身也構成政改無法進行的一個障礙。最近，軍方學者公方彬在「人民網」撰文，稱「政治改革遲遲未展開是因理論準備不足」，引起很大反響。可見，中國政治轉型缺乏足夠的探討和理論說明，對這一點，有識者已有更深切的體認。以中國自己的經驗來說，當年經濟改革之所以能夠在前期順利展開，不能不說一些相關的理論和路徑討論起到過非常重要的作用。吳先生這個話題的提出，進一步激活了這方面的相關討論，這或許是吳先生提出這個課題內容之外的一個貢獻。

吳先生認為，政改未能順利展開是因為高層「沒算通賬」，既得利益者、貪官們擔心利益受損，遭受報復，缺乏動力支持改革。公方彬在其文章中卻認為，政治改革遲遲未能展開「有人認為緣於

既得利益集團的阻撓，稍加分析便發現僅此不足以解釋現存的矛盾和問題，因為不改革死路一條，那時既得利益將喪失殆盡，故即使為了保護既得利益也不會拒絕改革」。可見，這裡，存在兩種有關對利益集團對待改革的理性選擇的判斷：利益集團為維護既得利益反對改革；利益集團為保存既得利益不會反對改革。這涉及對改革的動力和阻力、利益集團的態度等攸關改革命運的重大問題的判斷，值得進一步討論。

從不同的判斷和立場出發，會得出不同的結論和思路。從常理來推論，既得利益者對變革有某種疑慮，這是自然的；但筆者這些年也多次讀到聽到有關各種官員認為政治改革十分必要的調查報導和議論，因此，吳、公兩位可能都各有道理。因此，將改革的停滯主因歸於（貪）官員的反對或理論的缺乏，似乎都只涉及部分原因。

在筆者看來，主要領導人遠見、決斷力以及合法性上的欠缺，領導集團共識的闕如，理論準備上的不足，既得利益的掣肘和反對，經濟尚可在發展，社會不滿整體上亦未惡化到某種臨界點，反對力量的薄弱，知識界的某種保守心態，外界壓力的弱化，一些轉型國家某些方面的負面示範等等，都在某種程度上延遲了政改的真正啟動。顯然，上述原因今天都在迅速發生變化，某種必須進行政治改革的共識開始浮現。這一方面是一些內部情形的惡化使然；另一方面，阿拉伯世界的劇變相信也極大地衝擊了人們包括領導階層的某些固有看法。

但如何進行改革，改革的目的、動力、路徑，各種行動者和階層的態度和反應等重大問題，因缺乏足夠的討論，仍顯得混沌不

清，情形不明。對政改可能碰到的障礙、困難無法做更深入的探討，這不僅不利政改的順利展開，亦可能威脅到其成敗。經濟改革上「摸著石頭過河」有其合理的部分，但也曾讓我們付出極大的代價，因有政治權力的屏障，還不至於全部失控，但如果政治改革也「摸著石頭過河」，其危險將是全盤皆輸。必須於改革伊始，在些重大問題就有更清晰的體認和共識，技術層面上的「摸著石頭過河」才不至於在某個時刻或因某種變動成為顛覆整體進程的因素。

因此，一種相關的討論應該盡快逐漸展開，這既有助於一種改革需要的理性精神的養成，也有助於讓各種可能的問題、各階層、各類行動者的立場得以顯現，讓壓抑的憤怒和激情得以適當釋放，推動一種對話理解的氛圍的形成。這些不僅有利於政改的順利進行，本身就是政改的組成部分，甚至是未來政治體制賴以存活發展的必要條件。

繞著走的胡錦濤時代

⋯⋯⋯⋯⋯⋯⋯⋯⋯⋯⋯⋯⋯⋯⋯⋯⋯⋯⋯⋯⋯⋯ BBC 2012年10月29日

　　從滿懷希冀，到漸漸失望，甚至因其無所作為，危機日積，威脅中國的未來而讓有些人憤怒不已，最典型的莫過於張木生那句被人廣為傳播的「抱著定時炸彈搞擊鼓傳花」，人們對胡錦濤執政十年的感受發生很大變化，評價不一。當初「濤哥挺住」的擁戴早已消失無形，「胡緊套」等嘲諷和譏罵充斥網上，也從一個側面反映著中國政治和社會的變遷。如果我們嘗試著去對胡時代的施政風格做些歸納，在筆者看來，或可用這樣一句話來概括：是一個「繞著走的時代」。

錯失改革機會的十年

　　事實上，對一個像中國這樣處在巨變時代的大國的領導人，人們所冀望的，是他採取些具有決定性有助於民族穩步發展的、有前瞻性的舉措，而不是弄些花拳繡腳，彫蟲小技，修修補補。遺憾的是，回首這十年，恰恰是因決定性改革措施的闕如，最讓人詬病。且不說與鄧時代，即使與江主政期相比，也是乏善可陳。至少江主政時期，還有加入世貿這關係國人邁向世界的關鍵性步驟的實現。而如有人提出十年來兩岸關係上有些重大突破作為胡的功績，那說到底其實是台灣方面的變化（連戰登陸與馬英九當選）所帶來的。

　　這十年，一方面，繼承前二十多年改革開放帶來的正面成

果，中國在世人眼裡顯得前所未有的「強大」；另一方面，前期改革路線的偏頗所積下的問題正逐一顯現，讓這種「強大」又顯得非常脆弱，需要領導人以其決斷、責任心和遠見推出新的政策加以修正，未雨綢繆，避免問題進一步惡化，引發重大波折，斷送民族發展前景。

而就這點來看，胡執政十年錯失了一些重大的機會和資源。

「遇見難題繞著走」

客觀講，胡不是對問題茫然不知，否則，也不會有所謂的「科學發展觀」「五個協調」「建設和諧社會」等政策的出台；一些具體措施的實施也不是毫無補救之效。但中國面臨的問題是制度和發展模式的根本性的調整，是要根治關係民族興衰的痼疾，不是些治感冒傷風和外敷藥能得以療治。那療效可想而知。與此同時，痼疾卻在進一步惡化。

遺憾、指責或嘲諷或都已無濟於事，為中國的明天計，需要的是探討造成這種現象的原因。或許，我們也可以從中得到某些教益以及觀察未來中國可能演變的一些有益的視角。

一般來說，分析一個政治領導人及其施政，需要從三個方面來綜合討論：一是該領導個人素質與思想，二是制度因素，三是面臨的歷史情境與課題。就前者來講，我們必須直言說，胡不是一個有大魄力、遠見的政治家。而這顯然又是與制度因素相連的。對一個家庭出身並不好，受毛式教育，成長在詭譎險惡的毛時代，在鄧那樣的強人主政期始習政治的胡錦濤來講，循規蹈矩，蕭規曹隨，借

用已故著名社會學家布迪歐的術語說，已經是他那代政治人物的一種「習成」(habitus)，一種第二天性。因此忍功可以非同常人，魄力卻可能大為不足。至於毛時代的一些思想方式、語言也必然深植存續腦際。

眾所周知，因體制使然，對中共大多數官員來講，成功的訣竅在不出錯，政治正確的前提是跟黨走。不冒犯上級，不擔風險，不負責任，有問題，能拖則拖，「遇見難題繞著走」「多年的媳婦熬成婆」……都是些官員生存和發展的慣技。而在這種官場文化中浸染上升的胡錦濤，又怎能脫其痕跡？國際上對其外交場合的拘謹木訥，拒人千里的印象，國內正式場面上背書式演講和套路語言，顯然即是過去時代教育的後果，也是政治上缺乏自信和規避風險養成的習慣。

重要的是，強人離去、體制衰變，江系力量的掣肘等因素造成胡錦濤政治合法性資源和施政力量上的先天不足，使得胡錦濤步步小心，既要鞏固權力，做點好事，又不要讓潛在的對手抓住把柄，最自然的選擇難免不就是這招「碰見難題繞著走」。而2008年後國際和國內一些問題的急劇惡化，或許也更強化了他做這種選擇的意識。何況，由於缺乏改革，近十年來權貴集團力量的進一步坐大，或許也會讓他覺得無力回天。這一切，造成胡這十年「繞著走」的主要施政特色。

迴避政改的「社會和諧」，不動結構的「經濟調整」

這方面，最明顯地體現在迴避政改的「社會和諧論」上。顯

而易見，中國當下最大的問題之一就是社會缺乏公正，社會矛盾激化。但這個問題的根源和解決之道顯然是在政治領域。但恰恰在胡主導下，不去正面觸及政治這根本，卻繞個圈來大談社會和諧，顯然，即使不是南轅北轍，至少也是藥不對症。

更糟糕的是，由於繞著走，不去進行新的政治制度建設，而政治領域的問題畢竟又無法全然用其他手段解決，結果在政治領域強化現有政治機器，甚至啟用恢復一些已經放棄淡化的舊招數來應付局面便邏輯地成為選擇。這就是我們看到胡時代尤其是最近這些年一些強調黨的權力，用專政機器來控制社會人士等做法死灰復燃，得以強化的根本原因。因此，引起人們強烈的不滿，「和諧」迅速地淪為「河蟹」，成為譏諷、嘲笑甚至是社會反抗的對象也就毫不令人奇怪。

至於經濟上不去下大力根治內需不足，結構失調的痼疾，滿足現得利，藉著入世得以強化的經濟發展上外貿依賴過重的問題變得積重難返，在外部經濟環境危機下只得再打國家投資的刺激強心劑，長期吃慣了國家投資、房地產等補藥的虛胖經濟病上加病，這些也是有目共睹。

「做好人」與「保江山」

多年前，有朋友談及，一位與胡錦濤有相當接觸的人士曾在與他論及胡的執政理念時，將其概括為「做好人，保江山」。「保江山」自不用解釋，「做好人」，既在可能的範圍盡量做些好事。證之這些年來胡執政的軌跡，可見這個概括不是空穴來風，無中生

有。倒可能確在某種程度上概括了胡的內心想法。

問題是，這位朋友當即向該人士指出：如果「保江山」與「做好人」矛盾時該如何處置？對方無言以對。事情的關鍵恰恰在此，在某些時候、某些問題上，或許「保江山」與「做好人」可以暫得妥協。但當「江山」（現體制）是許多問題、壞事的根源時，保江山就只能是做壞人。最近這些年，從重判劉曉波到嚴酷打壓維權人士，胡錦濤治下的壞事越做越多，人們對其的負面評價的增加相當大的程度也是與此有關。

胡離任在即，但這個「做好人」與「保江山」之間的矛盾不僅依舊，且越來越尖銳。但願，念天下蒼生的福祉，為民族也為個人的利益計，未來的領導人不要再玩這種繞著走的遊戲，而我也相信，事實上，他也再沒有胡玩「繞著走」的運氣，是到了必須直面問題的時候了。

十年後，我們將會怎樣再來概括新領導人的執政呢？

陳光誠事件：誰該反思？預示什麼？

　　陳光誠一家終於赴美，由此造成的中美外交危機暫告一段落。不過此事件傳達的有關當代中國的信息卻是非常豐富和深刻。前一段，中國外交部發言人在指責美方接受陳光誠進入美使館時，嚴詞要求美國「真正反思」。這裡，我們也不妨來分析一下。看看就這事件誰最該反思，反思什麼和它又預示著什麼。

中國政府的責任

　　反思這個事件，最自然的是要反思其成因。在網上依然可以看到的一個視頻裡，外交部發言人如此說：「陳光誠刑滿釋放之後，按照中國的法律他就是自由的公民，那麼據我瞭解，他也一直生活在他的家鄉，中國是一個法制的國家，任何公民的權益都會受到保護。同時，中國的公民也都有義務來遵守憲法和法律。」

　　或許是外交部自己後來也覺得臉紅，「陳光誠是個自由的公民，生活在自己的家鄉」這樣的句子被從外交部網站的文本裡刪去。把一個普通的盲人迫害到要冒死從自己家中出逃，要靠進入美國使館才在自己的國度得到點暫時的安全，並最後要以去國才得以享受平安的生活，造成這種如此難堪局面的是誰？當作為一個熱心社會公益的公民，僅因秉持良知、捍衛外交部發言人大言不慚地宣講的憲法和法律而遭受無盡的迫害，中國的憲法和法律的意義

究竟何在？而當一個個像陳光誠這樣原本官方也讚揚的好公民、好學生、好學者、好官員、社會人士只因與某當權者或在某一事件、政策上與當局意見不和就被就此打入另冊，劃為敵對勢力，鋃鐺入獄，逐出國門，中國政府的威信何能存立？政權的根基又怎能堅牢？

　　中國的法制不僅不提供公民權益的保護，而且常常成為迫害公民的工具。是司法不公，政治黑暗才造成此案，成為國人及全世界關注中國人權狀況的一個焦點。從王立軍這樣的高官到陳光誠這樣的弱勢盲人，沒有人對自己國家的法制和政權具有信心，這是事件的本源和要害，也恰是中國政府最該反躬自省，好好反思的所在。

道德律令與外交

　　而中國政府對這類涉外事件的反應，也是老一套地強詞奪理，蠻橫指責，看不出絲毫的內省精神。不外乎指責「美方干涉中國內政」「不負責任」「要求美方道歉」，讓人覺得其「混淆視聽、千方百計推托和掩飾自身在這件事情上的責任」（外交部發言人在此事上指責美國之語）的態度讓人匪夷所思。如此，又如何能「以負責任的態度，從這次事件中認真汲取教訓，真正反思自己的政策和做法，採取必要措施防止再次發生此類事件」（同前）呢？。

　　明白人都清楚，這指責與其是說給美國人聽的，還不如說是為安慰國內某些人的。而大凡對美國國內和國際局勢有稍微一點瞭解的人，也都不會相信美國會在這個時候特意挑起陳光誠事件。老實說，或許，對相當一批奉行現實主義政策的美國政客來講，中美當下多一事不如少一事。這也可以從後來處理陳光誠事件上的一些曲

折見出某種端倪。

美國使館幫助陳光誠，嚴格上確實不能說是與其職能相符，但其遵循的是道德律令，是為美國立國精神所要求。即使是華盛頓和駐京大使館的政治人物內心不想幫陳光誠，也不能不幫。否則，一旦披露天下，任何人都無法承擔那種道義批評的後果。由此，我們也可以理解美國外交現實主義層面之外所具有的道義內涵，也是美國國家軟實力的根本所在。

事實上，儘管中國政府不惜血本支撐北朝鮮政權，也依然不能不顧一切後果地把所有「脫北者」全部遣回送死。這也是道德律令，我們有什麼能指責美國人的？從康梁避禍日本使館，到李大釗躲入俄國使館，到八九年方勵之先生避難美國使館直到最近王立軍、陳光誠戲劇性地進入美使領館，這一連串的歷史事件從一個側面見證現代中國政治的黑暗，法制的闕如。

什麼時候中國的駐外使館也成為庇護所在國的良知之士之所，中國的外交在世人眼裡或許就真正具有了道義，而中國國內的政治也就真正上了軌道。一個號稱「千年盛世」卻容不下一個關注自己和他人權益的盲人的國度，道德上一定是墮落的，政治上一定是不文明的。而指責他國幫助這個盲人的外交也一定是缺乏道義、無法贏得國家光榮、世人發自內心尊敬的外交。

盲人、維穩與中國的未來

陳光誠事件極其尖銳地暴露出中國政治體制及運作的諸種致命的問題。一方面，中央和地方的關係掉進筆者曾多次戲稱的那種

王朝末年的「狗腿子政治陷阱」：地方吏治黑暗，無惡不作；中央心知肚明而無能為力，且需要下邊狗腿子跑路辦事支撐檯面；結果是地方綁架中央，中央依賴地方，惡性循環，將國家推向危險的崩解邊緣。在中國現有體制下，地方官吏追求利益最大化，風險最小化，是在對這種最小和最大化的追逐中，中央常常成為地方謀取利益的一種工具，視利益需要將中央政府拉入或者排斥出地方政治博弈的遊戲中，而中央政府也在這種利益交換中得到其所需的地方支持。但整個國家的政治卻一步步落入不可自拔的泥沼。

陳光誠如何從一個地方人物，地方事件被地方官員巧妙地上升為「國家公敵」，拉中央為所有地方的邪惡作為背書，而中央又如何甘於介入、把這樣一個人物和事件拉抬到凝聚體制所需要的「敵對勢力」的國家層面，不惜最後國家蒙羞，這背後所隱藏的故事有待來日披露，但暴露的需要解決的利益格局、體制慣性和痼疾已刻不容緩。

此外，恰因吏治黑暗所不得不造就的昂貴的維穩體制，雖經官方精心設計，卻因陳光誠出逃徹底顯示出其脆弱和不確定性。任何一個機緣，一個事件，都可能造成這個體制戲劇化的突然崩塌。其中，人心的向背顯然是關鍵。當著陳光誠摸索著冒死逃向鄰村，據現在瞭解到的情況是有些村民看到，卻沒人去報告。人心在「瞎子」這邊！是因為人心的向背，那些長著眼睛的人最後成為瞎子，而盲者卻有了上路的眼睛。這幾乎是個寓言，它在告訴我們：這個體制是如何盲目，貌似強大者的脆弱；而受體制之害的弱者，卻具有怎樣邁向未來的能力。

民間傳統中，盲人能卜算命運，古希臘神話和許多國家的寓言

中預卜未來的神祇也都是盲人。或許，盲人陳光誠的出逃，正在為中國的未來預示著什麼。或許就是，任何暴力金錢也終將無法抗拒人們對自由的嚮往，巨流正在中國的大地上匯聚，陳光誠事件也許只是它的前導和預兆。

附録

習近平能走多遠？

法國國際廣播電台中文部 古莉 採訪
2012年12月27日播出，採訪時間為播出前一週

習近平為什麼動作快？

法廣：習近平上台以來做出這些動作，從幾方面為他的從政道路進行鋪墊？

張倫：從習近平先生主政以來這一個多月，可以看出幾個特點，第一，他的動作比較快，至少跟他的前任胡錦濤當年主政之後那段時間的動作相比，習近平的動作要快得多。我想這跟胡錦濤要「裸退」這樣一個政治格局有相當大的關係。第二，這個問題也跟中國當下形勢的急迫相關。因為對外，中日關係，中美關係，整個東亞的局勢都不如以往那麼樂觀，雖然中國的國勢更加強盛，但問題也更加複雜。同時就內政來說，今天的形勢也有相當多方面的問題不容樂觀，必須盡快採取一些措施，應對這樣一個局面。我想這些都是客觀上的條件，逼迫他盡快採取一些行動。這是促使習近平主政一個月，連續出手一些重要措施的背景。

　　怎麼樣看這些措施，我個人從整體來說，還是給予一些肯定的。比如說，給予人們更多揭發貪官的一些機會，適當在這方面放寬一些媒體的尺度，黨內「新八條」，對農民的政策，包括南巡到深圳，再次借此表示改革開放的決心等，這些方面都值得肯定，畢竟是一個良好的開端。在這樣一個短時間，我認為指望有更多讓人

希望的措施出台政治上也不現實。

　　但習近平先生究竟能走多遠？究竟能不能做到歷史對他的一些要求和人們對他的一些期望，從根本上為中國將來的長治久安打下一些基礎，這才是問題的關鍵，也是我現在還抱有問號的問題。事實上也不光我個人，只要觀察一下中國大部分民眾，比如說，反腐方面，一方面有許多人揭發貪腐現象，另一方面許多人還是相當冷淡，抱著一種觀看的態度。這說明，這種事情在過去多少都有過，但事實上從根本上沒有解決問題。中國的許多問題是結構性的，體制性的，需要拿出破釜沉舟的勇氣，做一些根本性的制度的調整，才有可能解決問題。而在這方面，習近平先生能否有所作為，可能還有待觀察。

「做好人」的背後

法廣：先說說提高農民收入這一招，這個政策您看他能不能按照他的意願實行？

張倫：這類的措施不僅現在出台，今後也還會有。這就是說，習近平這一屆領導人可能在相當程度上，還要繼續推出一些「做好人」的政策。這種在可能的政策範圍內，在國家支配的資源許可下，說白了就是「收買人心」的一些舉措，從江時代實際上就已經開始了，胡時代就更明顯了，那麼，習一定也會在這些問題上繼續。說到底，這是跟這些領導人的政治合法性資源的欠缺有關，不可能不「做做好人」，否則他自己屁股底下的椅子根基不牢。他們沒有毛一代領導人那種打江山打出來的政治合法性，「我就是作惡，你們也把我沒辦法」。現在呢，必須得用「做好人」換取一些政治合法

性資源。在這一點上，姑且不談習李這些人本身個人意願上是不是希望多做一些好事，只是從政治必要性來說，就一定會在這方面繼續做下去。不僅是在農民問題上，其他問題上都會如此。

至於這些政策能走多遠？那是另外一個問題。我剛才提到，中國的許多問題，現時人們的不滿，包括一些發展的瓶頸，都跟中國的制度結構，跟中國的發展模式的根本缺陷相連。而這些問題不解決，頭疼醫頭，腳痛醫腳，撒點兒胡椒粉，給點兒好處，這種方式從根本上是無法迎接中國未來的挑戰的。在我看來，許多技術性的調整，政策性的局部調整，都不能從根本上保持中國未來發展的和平，健康，長治久安。

「保江山」的矛盾

當然，我在過去寫過的文章也提到還有另外一個所謂「保江山」的問題。習不可能不「保江山」，從他自己父輩的淵源到自己上來這樣一個政治權力合法性的制度基礎，不保這個江山，就是不保他自己，不保他自己的權力基礎，怎麼可能？所以在相當程度上他會繼續「保江山」。

之所以要提到這個問題，是因為我們知道現在許多問題是跟制度的結構的「惡」相連的，許多官員，本來人也不算太壞，也很有理想，但在這樣一個結構，在這樣一個政治體系當中，最後變成用老百姓的話說「很壞的人」，是因為有結構性的原因。所以這個「保江山」和「做好人」之間是有一些內在矛盾的。這個矛盾，習近平先生認識得多深？他能不能真正把好人做到底？為中國的民眾

做些好事？那就需要他在「保江山」這個問題上有一些新的做法，新的調整。

那麼，我們現在看到的，比如說所謂反腐、整黨，這些問題，仍然是局部性的一些東西，而這些東西在過去，事實上也都做過。如果我們返回去看，二十年前，三十年前，推出的許多所謂反腐措施政策，不只是今天，過去也都推出過，但事實上我們看到中國的腐敗更加惡化，更加帶有結構性特點。問題在哪兒？問題在制度。而在制度這個問題上，中國如果新聞不放開，沒有反對黨，司法不能獨立，不管習近平先生以什麼樣的決心，什麼樣的勇氣來推中國的反腐，最終這場反腐是一定要失敗的。所以，習近平先生想走多遠？在保江山和改造這個江山上動作有多大？能否真正推動創造一個長治久安的民主法治的江山，這些問題上，他能夠怎樣很好地處理？我仍然畫一個很大的問號。

一兩年見分曉

我自己的看法是，也許我們不能指望習近平先生在兩、三個月之內就把他要做的許多事情都攤出來，因為畢竟要有一個權力磨合的階段，要有一個權力鞏固的階段。所以一些人的那種浪漫的想法，以為「新人主政」，就橫掃瘴癘之氣，創造一副新的天地，這都是不現實的。我自己的個人看法是，如果說，等著習近平先生五年之後，下一屆，看他能不能做出什麼事情，我覺得那為時尚晚，如果他那個時候的江山坐習慣了，許多事情也許就習慣性地下去了，像胡錦濤那樣：第一屆還做一些，到第二屆就像許多人說的搞

「擊鼓傳花」了。我個人很看重在一兩年之後，習近平先生在經過權力的整合階段之後，能推出一些什麼樣的東西。那個時候可能也許真正看出習近平先生到底能夠走多遠，到底能夠為中國的將來，甚至給執政黨，找到一個什麼樣的出路。

所以我想，或許我們一兩年之後您再來跟我做這個節目的時候，我那時候會有一個更清晰的判斷。今天，一、兩個月之內，我們只能看到這些東西，也就如此了。而這些東西，坦白說，在十八大召開之前基本上就在我預料之中，也跟一些朋友提到過，有些事是一定會做的：殺貪官、給好處、整黨，這都是老套數，只是有些點新氣息而已。但本質上沒有什麼大的新東西，在意料之中。如果一兩年之後，習近平先生在些根本性的制度改革上再沒有什麼大動作，而是習慣性走下去，那我這個對他的問號可能就要畫的更加大了。

法廣：照您看來，假如習近平想給未來奠定一個良好的制度，進行根本的制度性的改革，他現在能做什麼？

張倫：他現在就必須開始做鋪墊。在我看來，現在的某些鋪墊還是有正面的成分的。比如說，開放更多的空間給民間揭發貪官，監督腐敗，這就是很好的一個鋪墊。這一方面會增加新領導人執政的合法性資源；另一方面，最重要的是，這些嘗試可為下一步的改革提供某種經驗。剛才提到，沒有民間的監督，沒有輿論的開放，腐敗是不可能從根本上得到根治的。坦白說，有人問我，反腐這個事情會走多遠？我不敢太樂觀，因為腐敗是結構性的，這樣揭下去，很可能會揭到很多人，搞不好會動搖整個執政集團的基礎，所以也許

在一定時候，這個事情會不會被叫剎車我不敢說，即使繼續，但也可能只是局部的，會進行某種控制，對有些更高級官員的揭發就會不了了之。除非下決心對制度進行大的改造，否則按現在的政治邏輯，最有可能出現的局面是：有些事情會做，但又不能讓這些事情走得太遠。但真那樣的話，最終就會貽誤改革的時機，釀成更大的災難。

我們知道薄熙來差點兒進常委，因王立軍闖美國使館引爆其問題，導致其最終敗露。如果沒有王立軍闖美國領事館，薄進了常委，就已是黨和國家領導人，會不會每天已在電視廣播上道貌岸然地在號召全國人民「學雷鋒」做好事，當老實人？我們誰敢說現在政治局常委這七個人當中，就沒有比薄熙來更壞更貪的？我們沒有辦法瞭解這些。那是需要透明才行。多年前我就說過：不僅反腐要透明，廉潔也要透明；否則你就不知誰真腐敗，誰真廉潔，靠宣傳沒用。溫家寶先生現在面臨的就是這樣一個問題：他家人到底是否斂聚巨款，我們不清楚。所以中國真正要有希望，必須在媒體開放，在透明上，在司法獨立上，甚至最後在開放反對黨上，邁出決定性的步伐，才能從根本上解決這些問題，否則所有的相關政策及其效果都只能是局部性的。

中國正在大的變動時代

法廣：您最近出版的新書《巨變時代》，從書名來看，中國正在經歷巨變，您怎麼界定您所說的這個巨變？

張倫：我的看法是這樣：中國處在一個一百多年前就啟動的一個大

變動時代，包括國共時期都是這個大變動時代的一部分。不同的模式在中國實驗，有成功的部分，也有失敗的部分。走到今天，鄧的改革開放路線，基本上對外對內都走到頭了。它在帶來一些正面的效果的同時，也遺下一些巨大的問題。中國必須在這些問題上做出一些新的調整，迎接新的挑戰，為21世紀的中國，也為這個世界，開出一個新的局面。許多內政、外交、經濟、政治、社會、文化等發展出的新要素、可能引發危機的成因都在那裡集聚，在召喚、要求一些新的方向，新的舉措出來。

而在這個問題上，中國的有識之士也都有意識，包括主政者，事實上也不是完全不清楚。但是，能不能打破些既得利益結構，開出一些新局，這個事情老實說，我沒有辦法預料。但問題本身是在那裡集聚著，在那裡湧動著。不管誰，能不能回應這個挑戰，回應這個社會的要求，你回應了，往前走，就成了歷史偉人；你不回應，你選擇錯了方向，或者是逆歷史潮流而動，你早晚會被歷史的巨浪碾碎或者拋出。舉個例子：我曾多次說過：改革開放是偉大的事業，但老實說，它是在中國的文革，毛模式破產那樣一個背景下出來，才顯得偉大。如果沒有中共建政，四九年之前的中國原本就是開放的，只因為有了中國共產主義制度，毛時代三十年的封閉體制，這個改革開放才顯得必要和偉大，顯現出胡耀邦、趙紫陽兩位先生的卓越功勳、鄧小平先生的重大貢獻。我們總是按照領導人面臨歷史課題時解決歷史課題的能力和效果來對其進行歷史評判的。如今天，中國已經加入WTO世貿了，開放不是什麼根本性的問題了，我們就不必再用是否推動對外開放來評價一個領導人的歷史貢獻。

中國今天面臨的主要是另外一些問題，比如說言論自由，公民權利的保障，社會的公正，可持續的發展，環境的保護，包括能不能在世界當中扮演一個建設性的角色，處理好國際關係，為這個世界的未來，貢獻一些正面的東西等問題，這些都是中國今後面臨的重大挑戰。看誰能迎接好這個挑戰。習近平先生做了，那習近平先生將來就功彪千古，就是新的一個重要的歷史人物。做不好，我想社會的力量，各種因素早晚就會推出新的人物，推動事情的解決。是膿早晚是要冒的，是病早晚得治，你手術也好，慢治也好，反正最後得解決問題，不改革，那就是革命，要不就是潰爛，腐敗致死。

　　我說巨變時代，是指整個中國過去一個多世紀一直在巨變當中，八九之後，最近一、二十年依然在變化，而今後一、二十年，會面臨一些重大的挑戰，會出現一些重大事件。你想，2012年這過去一年所發生的諸多的事情，讓人眼花繚亂，恰恰在某種意義上說，已經給更大的巨變拉開了序幕。究竟中國人會付什麼樣的代價，各種各樣的政治力量，政治行動者，領導人，會在即將到來的歷史上扮演何種角色，做出怎樣的貢獻，這都是些要留待將來回答的問題。

國家圖書館出版品預行編目(CIP)資料

失去方向的中國 / 張倫作. -- 臺北市 : 博大國際文化, 2017.10

面；　公分

ISBN 978-986-92642-5-9(平裝)

1.中國大陸研究 2.時事評論 3.文集

574.107　　106017932

失去方向的中國

作　　　者：張倫
編　　　輯：黃蘭亭、潘季達
美 術 設 計：曹秀蓉
美 術 編 輯：吳姿瑤
出　　　版：博大國際文化有限公司
電　　　話：886-2-2769-0599
網　　　址：http://www.broadpressinc.com
台灣經銷商：采舍國際通路
地　　　址：新北市中和區中山路2段366巷10號3樓
電　　　話： 886-2-82458786
傳　　　真： 886-2-82458718
華文網網路書店：http://www.book4u.com.tw
新絲路網路書店：http://www.silkbook.com

規　　　格：14.8cm x 21cm
國 際 書 號：ISBN 978-986-92642-5-9　(平裝)
定　　　價：新台幣 260 元
出 版 日 期：2017年10月